诗歌不仅仅是毛泽东生平中的一件逸事，我的确相信它是了解毛泽东的性格的关键之一。毛泽东和许多马克思主义者不一样，他不是一本书读到老的人。他在这些简短诗歌里表达的思想，不受教条辞藻的束缚。他用简单的形式，表达深刻而生动的革命题材，是国内所有人都能够理解的，也是世世代代都能够理解的……这位革命者带着人道主义的气息。单是这点，就足以说明中国共产主义的某些创新。

——法国前总理　富尔

陈晋———著

毛泽东的诗路和心路

人民出版社

责任编辑：刘智宏　赵　静

图书在版编目 (CIP) 数据

毛泽东的诗路和心路 / 陈晋著 . —北京：人民出版社，2020. 6（2024.1 重印）
ISBN 978-7-01-021826-7

Ⅰ . ①毛…　Ⅱ . ①陈…　Ⅲ . ①毛主席诗词 – 诗词研究　Ⅳ . ① A841.4

中国版本图书馆 CIP 数据核字（2020）第 032760 号

毛泽东的诗路和心路
MAO ZEDONG DE SHILU HE XINLU
陈晋　著

人民出版社　出版发行
（100706　北京市东城区隆福寺街 99 号）

三河市龙大印装有限公司印刷　新华书店经销

2020 年 6 月第 1 版　2024 年 1 月北京第 3 次印刷
开本：710 毫米 ×1000 毫米　1/16　印张：20
字数：290 千字

ISBN 978-7-01-021826-7　定价：78. 00 元

邮购地址　100706　北京市东城区隆福寺街 99 号
人民东方图书销售中心　电话（010）65250042　65289539

目录
CATALOG

人生风采——"踏遍青山人未老"。有了超越时间、催人奋进的人生观,世界才显得如此地多彩而美丽。在诗人的感觉中,才有眼前"独好"的风景,以及"更加郁郁葱葱"的未来。

109
第九章
青山作证

山,几乎成了红军官兵生活的一部分,成了红军官兵最亲密的朋友和最实在的敌人,成了中国革命事业的一部分,也成了诗人毛泽东的灵感源泉。

121
第十章
和大地谈心

毛泽东,就是这样一位大地之子。他心潮滚滚地拥抱山川,想象丰富地与大地交流,情意无限地赞美大地。"坐地日行八万里",使毛泽东心驰神往。"遍地英雄下夕烟",让毛泽东流连忘返。"洞庭波涌连天雪",令他叹为观止。"桃花源里可耕田",叫他浮想联翩。在高天滚滚寒流之际,他谛听着来自大地的消息——"大地微微暖气吹"。他甚至把自己最紧迫和最要紧、最宏大也最深远的心事托付给大地——"问苍茫大地,谁主沉浮?"

133
第十一章
天骄风流

我们的诗人从哪里获取了这般自信?因为诗人和他领导的队伍,固然是天之骄子,但他们同样是一群脚踏深厚的民族土壤、身披中国现代革命风云的大地之子。如果不是大地之子,他们的形象与感受不会这样厚实,同样也不会得到大地永远的厚爱。因为他立足于坚实的大地,所以他的目光才能够穿透浩茫的天宇和历史;因为他的根扎得很深很深,所以他的心才飞得很高很高。

147
第十二章
边关韵

杜甫在"闻官军收河南河北"时,欣喜之状是"白日放歌须纵酒,青春作伴好还乡",甚至畅快设想,"即从巴峡穿巫峡,便下襄阳向洛阳"。诗人毛泽东在捷报传来

时的感受，却是"满宇频翘望，凯歌奏边城"。儿女之情陡然转向风云之气，回到了政治家和军事家的本色。

或许是人间正道的厚重和深远吸引了毛泽东，他对自己的诗作反倒不是特别在意。写完这首宣告国民党政权终结的七律，诗人竟然毫不经意地把它扔进了纸篓。倒是细心的秘书田家英，从纸篓里把它捡了出来。直到1963年编选《毛主席诗词》的时候，毛泽东才如旧友重逢一般见到这凝聚历史一瞬的文字。否则，还真没有人知道他当时的这段诗情了。

在浪涌万叠之中，毛泽东几次被打倒，几次被冲上沙滩，但他仍然在浪峰下面钻来钻去，游了一个多小时。面对威猛耸立的浪潮，卫士们照例奋力地前挺后挡，但也照例地被浪涛打下抛起，甩回了沙滩，就是在毛泽东身边，也不想站起来了。毛泽东却说："怎么站不起来了呢？这点水浪难道比刘戡的七个旅还凶吗？"

渐露真容的"西江石壁"，你知道吗？半个世纪前，有一位诗人，为你的诞生，曾经热情讴歌，曾经魂牵梦萦，曾经中流击水……渐露真容的"西江石壁"，你知道吗？这个叫毛泽东的诗人，因为生前没有看到你的真容，曾遗憾地说："将来我死了，三峡工程修成以后，不要忘了在祭文中提到我呀！"

一国领袖，确实难得有闲暇的时候。闲暇之中的毛泽东，依然是一派诗人本色。身处名胜佳景，逢迎昌明时代，毛泽东充分展露他轻松的性情和闲适的诗兴，还有愉悦的智慧。

如今，阔别 32 年的毛泽东回来了。回乡的第二天早晨，韶山还没有醒来，他就踏着小路，来到了父母的坟前，献上一束苍翠的松枝，深深地鞠了 3 个躬，虔诚地说了一句："前人辛苦，后人享福。"这番情景，太像台湾诗人余光中说的：人到老年，"乡愁是一方矮矮的坟墓，我在外头，母亲在里头"。

在浩瀚无垠的天宇之间，作为一个生命个体，毛泽东没有感到渺小，也没有"念天地之悠悠，独怆然而涕下"的孤独。他仿佛是一个横空出世的主人，在那里优哉游哉地"坐地日行八万里，巡天遥看一千河"。这是何等崇高的驾驭意识，何等潇洒的超越情怀！一派掌上乾坤，俯视人间天国，打破仙凡界隔的巨人气派。

1961 年 2 月，小李送一沓文件到菊香书屋给毛泽东时，毛泽东突然问她是不是参加了民兵，她说参加了。为了让毛泽东相信她还参加了训练，便拿出这张照片给毛泽东看。毛泽东端详一阵，说了句"好英雄的模样"，便在办公桌上拿起一本看过的地质常识书，翻到有半页空白的地方，提笔挥写——飒爽英姿五尺枪，曙光初照演兵场。中华儿女多奇志，不爱红装爱武装。

"犹有花枝俏"，一个"俏"字，多么传神，多么美丽。美得劲拔，美得潇洒，美得机智，美得妙趣横生。更为传神的是"俏也不争春"。梅花超越时令的开放，无非是为了证明，"冬天来了，春天还会远吗？"当山花烂漫、遍野飘香之际，她也不会故作清高，像梅花仙子那样飘遁远去，而是躲在万花丛中露出会心的微笑。

一部漫长的二十四史，遍布毛泽东的怀疑和诘问。他要向历史挑战了。是帝王将相、英雄豪杰创造历史，还是被正统史书所不容的盗跖、庄蹻、陈胜、吴广这些揭竿造反的奴隶和底层的民众创造历史？毛泽东的答案是：一部二十四史的风流人物，应该从这些"奋起挥黄钺"的底层造反者说起。

诗人想象着"文化大革命"这场运动能改变寰宇。恰如他在战争年代行非常之事，以求非常之功一样。然而，诗人晚年的想象有了些滞涩。诗人晚年的歌唱也有了些错杂。在表层风暴的下面，是深层的思绪碰撞，深潜的忧患不安。于是，便有了让人惊讶揣测的最后两句——"凭阑静听潇潇雨，故国人民有所思。"

"推翻历史三千载，自铸雄奇瑰丽词。"一切创造性人物，一切"精神之花"的栽培者，都有一个共同特征，他们总在希求着什么"非分之物"。正是这"非分之物"，使毛泽东在 20 世纪的中国，成为传统风骚的卓越继承者和创新者。

毛泽东的歌唱，成为绝唱。有的诗人活着，诗却死了。有的诗人死了，诗却活着。岁月推移，没有磨灭不朽的诗篇。时光流逝，没有沉埋诗人的形象。诗篇注入了心血，自然会生命绵长。形象经历了沧桑，更显得新鲜明亮。

第一章

心路风景

如果用这样的方式来理解毛泽东,他的心路或许是——最慷慨激昂的时候,是青年时代激扬文字。最艰难困顿的时候,是引兵井冈山和驰骋赣南。最郁闷痛苦的时候,是在中央苏区受到排挤和打击。最惊心动魄的感受,是万里长征。最高兴的事情,是解放战争和农业合作化运动。最亢奋探索的时候,是在20世纪50年代。最悲患忧虑而又孤独的时候,是"文化大革命"后期。

"**走**了太阳，来了月亮。"在今天的中国，即使没有月亮，也会星光满天。

21世纪的荣光更加均匀地洒在每个人的脸上。一人举臂一呼便群起响应的时代，似乎已经远去。

人们脸上的神情在自由而个性地绽放。

人们心底的追求更为本色和真实。人们心底的追求闪耀着愈益多彩的光荣与梦想。

社会发展，时势迁变。

纵横捭阖的英雄故事会被遗忘吗？

引领历史的伟人风采会失去光泽吗？

虽说历史的法则是严酷的，但渗透情感、智慧和人格需要的历史评述，却从来公正，甚至有些温情。

虽说"平平淡淡才是真"，但轰轰烈烈也不假。

20世纪的轰轰烈烈已经远去，但宏大的史诗不会戛然而止，人们总会看到轰轰烈烈的史诗被一代一代地传唱，为的是给心灵世界留住永远高于实际生存状态的光荣与梦想。

这是人们的精神需要，也是传承文化和积累智慧的必要方式。

在当代中国社会的生活春风里，依然弥漫着过去年代的记忆和这些记忆挟带的理想、激情，还有无数英雄们的故事。

在人们的视野中，21 世纪的政治和文化沙滩，不会掩没特殊人物的光泽。

比如，关于毛泽东。

毛泽东的人生和性格、才情和作为，以及他用兵、谋政、治国的决策，在今天依然是颇有诱惑的话题。

翻检他一生的纵横捭阖史，总有些让人惊讶复兴奋的决策行为。他的果断，他的别出心裁；他的深谋，他的见近知远；他的灵活，他的预留地步，常常会在当事人以及后来者的心目中，唤起阵阵激赏和意外的涟漪。

一个行高于众的人，被一群一流的精英所选择，进而被一个民族所归仰，自然靠他自身挟带的卓尔不凡的东西。这种东西就像一部大书，记载着一个人的历史重量和文化含量、智慧境界和人格品位。

解读这部大书的时候，你会有一种感觉，有时候，他的智慧犹如黄河之水天上来；有时候，他的谋断犹如万泉之水出深山。

有源头，又好似没有源头。

这是让人称奇的内心世界和人格气象。

如果换一个角度，比如，从人们习惯上称为心灵窗口的诗的角度去仔细揣摩和解读毛泽东，或许能够窥见一些神韵，领略他的人格魅力。

1973 年，刚刚大病一场的毛泽东，已经整整 80 岁了。

这年夏天，他用已经有些枯涩的情思，写了平生最后一首诗。

这年冬天，他还劳费情思地做了一件词墨韵事。

他让身边的工作人员把自己一生的全部诗词作品重新抄写了一遍。抄完后，他一一核对，对其中的一些词句做些修改，然后让工作人员又抄写一遍。抄清后，又再次核对。

以老病之躯，如此这般，反复多次，究竟是为了什么呢？

他似乎很想为后人留下一套完整的诗词定稿，又好像是在进行一次艺术上的自我总结。

他或许是要为自己的心灵世界，留住一片珍贵的情感空间，留住几多动人的历史回声。

他或许是在用诗人的目光审视自己一生的行程，重温那遥远起伏、百折千回的心路。

晚年邓小平曾这样回顾自己的心路——

我最痛苦的时候，是"文化大革命"；我最忙的时候，是当总书记的十年；我最紧张的时候，是1947年南渡黄河；我最高兴的时候，是解放战争。

如果用这样的方式来理解毛泽东，他的心路或许是——

最慷慨激昂的时候，是青年时代激扬文字。

最艰难困顿的时候，是引兵井冈山和驰骋赣南。

最郁闷痛苦的时候，是在中央苏区受到排挤和打击。

最惊心动魄的感受，是万里长征。

最高兴的事情，是解放战争和农业合作化运动。

最亢奋探索的时候，是在20世纪50年代。

最悲患忧虑而又孤独的时候，是"文化大革命"后期。

每个人反顾自己那条苍茫往时心路，概括和表达方式或有不同，但这条心路却总是环环相扣，自然相接，其中的哪一段，似乎都无法回避和省略，而许多警悟，总是在进入一定阶段之后才能够获得。

世界上什么样的路最漫长，是心路。

世界上什么样的路最短促，是心路。

世界上什么样的路最险峻，是心路。

世界上什么样的路最宽阔，是心路。

世界上什么样的路最难走，依然是心路。

数量并不太多的 70 来首诗词，某种程度上可说是记载毛泽东人生经历最深刻的精神自传，是记载他对事业追求的另一种生动的叙事"版本"，更是诗人毛泽东播撒在坎坷心路上的性灵花朵。

诗人毛泽东，该汇聚多少情感？

毛泽东的诗，该传递多少消息？

这里有蓬勃的青春意气，有婉丽的爱情悲欢。

这里有谁主沉浮的浩歌，有霹雳暴动的风烟。

这里有残阳如血的壮烈，有战地黄花的灿烂。

这里有临海而迎潮搏浪的激情，有登山而倚天抽剑的呼喊。

这里有风流人物的慷慨，有人间正道的沧桑。

这里有鲲鹏展翅的恢宏遐思，有乱云飞渡的从容气象。

这里有宏图惊世界，更有腊梅傲雪霜。

这里有坐地巡天的浪漫华章，更有闲庭信步的击水新唱。

心路的风景，是这般奇绝灿烂。

细细审视笔下天地，半个多世纪的人生风景、革命风云，半个多世纪的人生悲欢、历史巨变，在暮年已至的心头，该唤起怎样的波澜？

诗歌，是毛泽东的语言故乡，也是他别具一格的生存方式。

在他的血管里，似乎也流淌着红色的诗。

一步入诗的王国，他那复杂的个性，精微的感觉，奔突的思想，便有了一种遏止不住的倾泻和升华。理智和情感，现实与未来，时间和空间，

在这个王国里大多能获得默契的沟通和共鸣。

当毛泽东还只是一个在黄土地上奋图生存的革命家时，美国的史沫特莱在延安的窑洞里采访了他。这位女记者的突出感受是："他首先是一位诗人。"

还是在延安的窑洞里，又一位叫安娜·路易斯·斯特朗的美国女记者采访了他。她的感受依然是："毛泽东不仅熟悉古代诗人，而他自己就是一位才华横溢的诗人，毛泽东的诗具有古代诗人的伟大品质。"

那时候，毛泽东诗词还远远没有像今天的人们看到的这样丰富，传播的范围也远远没有像今天这样广泛。可来自另一种文化传统的蓝眼睛，为什么一下子看出毛泽东是一个诗人呢？

她们凭的是女性的直觉和敏感？

或许不全是这样。

诗人固然要写诗，但写诗的并不一定是诗人。

诗人固然要存活在他的作品里面，但诗人的本色和气质，才华和情感，却总要在他的行为作风乃至他的事业追求里吐纳声光。

毛泽东显然不属于那种只能写诗的纯粹诗人。

作为诗人，毛泽东有着异乎常人的自信。

还是在陕北峰峦起伏的黄土高原上，他便举起套着灰色棉袄袖子的右手，指着自己对一个来访的美国人说了这样一句话——

"谁说我们这里没有创造性的诗人？这里就有一个。"

从那个时候往前大约40多年，这位创造性的诗人来到世上的第一声啼哭，和常人没有两样。大了一些，他自然也同乡村伙伴们一道去放牛割猪草，或者嬉水上学堂。

不同的是，在这个孩子出生100周年的时候，绿荫掩映的故乡韶山峰半腰，却长出一片占地 25 亩的诗词碑林，上面用花岗岩精心雕刻着他的诗作。

一条蜿蜒小道伸进这灌木丛生的山坡，正是他小时候经常放牛或玩耍的地方。那时的乡村少年毛泽东，绝不会想到，这里将会长出自己的诗林。

父亲的本意，是要把毛泽东培养成一个像自己一样富裕的农民或精明的粮商。于是，在毛泽东 17 岁那年，父亲决定送他去湘潭的米店学徒。

或许是意识到已经身处人生的岔路口，毛泽东动用了各种方式，说服父亲改变了主意，答应他外出求学。

历史不会求证于假设，但历史常常可以去假设。

如果没有在人生岔路口的这一坚定选择，以后的惊天动地和千古传奇，也许绝不可能成就。由于毛泽东从小就不爱钱，在芸芸众生中，他可能是一个不成功的商人，他也可能会去做别的，但大概不会是后来的政治家毛泽东，也不会是后来的诗人毛泽东。

这一人生转折的意义，在毛泽东走出韶山的那一刻，便露了端倪。他在不经意间向传统的农民生活作了一次诗人方式的告别。

1910 年，外出求学的毛泽东，临行前改写了一个叫月性的日本和尚写的言志诗，夹在了父亲每天必看的账簿里——

"孩儿立志出乡关，学不成名誓不还。埋骨何须桑梓地，人生无处不青山。"

离开韶山冲的毛泽东，到了长沙。到了北京。到了上海。到了广州。到了武汉。到了瑞金。到了遵义。到了延安。

他脚步匆匆，四处寻觅。

匆匆地行走，意味着任重道远。

肩负使命的人，总不免五味遍尝。

一路前行的毛泽东，终于走出个别样的人生风色，走出了辽阔的一片天地。

他先是一名学生。在湘江的波涛中舒展长臂拥抱五四大潮，成为湖南革命的播火者。

他成了一个革命家、宣传家。在大革命的洪流中被称为"农民运动的王"，把泥腿子们引向开阔的大路上迅跑。

他成了一个开创新路的政治家。在令人窒息的白色恐怖中，他走出一条新路，站在遥望东方看得见曙光的山头，点燃了星星之火。

他成了一个用兵如神的军事家。屡屡打破敌人的"围剿"，在

1913 年在湖南省立第四师范学校求学时的毛泽东

远行的红军将士们濒临绝境的时候，他拨正航向，硬是让历史拐了一个大弯。

他还成了一个思想家和理论家。在陕北高原的黄土窑洞里，他开始更为艰苦的富有创见的思想进军，使为理想而奋斗的人群接受了一次特殊的精神洗礼。

在这期间，他的名字频频出现在报刊媒体上面，出现在各种各样的通电和文件当中，甚至也出现在反对他和他的事业的敌人的通缉令上。

毛泽东成了这样一个人：革命者说他是领袖，敌人说他是"匪首"，同情革命事业的朋友也会开玩笑说他是揭竿而起的"山大王"。

但没有人说他是诗人。

　　直到 1937 年，人们才惊讶地发现，长期在山沟里、在马背上转战的"匪首"毛泽东，竟然还会写诗。

　　人们更惊讶的是，把多种角色集于一身，才是毛泽东最为显著的诗人本色，才成就了毛泽东这样一个最高意义上的创造性诗人。

　　正是毛泽东那不平凡的经历，造就了他别具一格的诗风，使典雅高古的旧体诗词和中国革命的历史风云高度地融合在了一起。

　　就是他，一个叫埃德加·斯诺的美国记者，让整个世界都知道了毛泽东不仅是一位革命家和政治家，还是一位诗人。

　　1936 年 7 月，为了探寻被国民党政府渲染为"乌合之众的造反者们"得以生存的秘密，23 岁的斯诺来到了中国共产党和红军领导的陕北保安。他是第一个深入苏区进行采访的西方记者。

　　面对外国记者，毛泽东也曾犹豫、绕弯甚至回避对自己的介绍。但他还是下定决心对自己介绍一番，或许他意识到，可以通过斯诺这条渠道，放出一只悬挂中国共产党和红军的"理想"的气球，以改变世人的印象。

　　在昏暗的马灯下，斯诺和毛泽东陆续谈了十几个晚上。一向不大喜欢谈论自己的毛泽东，向这位来自大洋彼岸的西方人敞开了心扉，谈了中国共产党的理想，谈了自己的经历。

　　顺便，也谈起了诗词。

　　斯诺在他的新闻报道里说，毛泽东"向我介绍了长征到西北的情形，并且写了一首关于长征的旧诗给我"。

　　毛泽东当时写给斯诺的，就是那首有名的《七律·长征》。

　　这首诗最早公开见诸文字，是在 1937 年 4 月北平东方快报印刷厂秘密出版的一本叫《外国记者西北印象记》的书中。这本书的总编译王福时，当时还是一位青年学生。他后来回忆说，《七律·长征》是斯诺提供

给他的。

一个月后，王福时陪同美国的尼姆·韦尔斯访问延安。他当面赠送给毛泽东一本《外国记者西北印象记》。

这样，毛泽东第一次读到了用铅字印出来的自己的诗作。

1937年10月，英国伦敦戈兰茨出版公司出版了斯诺用英文写的《红星照耀中国》。斯诺在书里把这首《七律·长征》作为第五章的结束语。他说："我用毛泽东主席——一个既善于领导征战又善于写诗的叛逆者——写的一首关于这次六千英里长征的旧体诗作为结尾。"

于是，不仅在中国，在西方世界，人们也知道了毛泽东是一个会写诗的红色领袖。

真正让世人领略毛泽东风骚独步的事件，发生在1945年的重庆。

那年，毛泽东在抗战胜利之初赴重庆谈判，不经意间把他1936年写的《沁园春·雪》透露出来，结果引起一场轩然大波。

时在重庆的美国记者斯特朗在自己的著作中评述了这件事。

她说：毛泽东写的这首诗，"震惊了中国首都文坛，那些文化人以为他是一个从西北来的土宣传家，而看到的却是一个在哲学和文学方面都远远超过他们的人"。

历史，不强求每一位重要人物都具有诗人的才华，可是，历史更钦佩一位伟人具有创造风骚的手笔。

毛泽东创造风骚的手笔，不仅震动了重庆的文坛，更震动了十分敏感的政坛。

一桩笔墨韵事，陡然间转化成了政治斗争。

重庆的一些报刊，连篇累牍发表批判文章，有的甚至刊登谩骂式的和词。一首署名"雷鸣"的和词，说得是那样地透彻："草莽英雄，林泽豪杰，巧饰文词虫贝雕！休夸耀，看青天白日，旗遍今朝。"

漫骂归漫骂，敏感的国民党宣传部门十分清楚，一首《沁园春·雪》，使毛泽东及其主张在政治的天平上，增加了文化人格的几多分量。

他们私下组织一些舞文弄墨之士，试图写出一首超过《沁园春·雪》的词，然后以国民党领袖人物的名义发表。可策划半天，最终是拿不出来像样之作，只得怅然罢手。

已经回到延安的毛泽东，看到重庆报刊上那些曲解生事之作，只说了一句："国民党骂人之作，鸦鸣蝉噪，可以喷饭。"

诗人，只是毛泽东诸多身份中并不那么重要的一种。

他有更多更大的使命意识，他有太多太大的事情要做。

在接下来的岁月里，人们看到了——

在乡间小道和农家小院，他率领一个小小的司令部，以运筹帷幄的战略智慧，导演了一出波澜壮阔的战争史剧。

在开天辟地的庄严时刻，他和战友们踏着古旧尘封的皇城砖道，宣告中华民族迎来了一个历史的新纪元。

在百废待兴的日子里，他和战友们领导站起来的中国人民重振山河，荡涤了旧社会的污泥浊水。

在战火烧到国门口的时候，他毅然决策，打了一场让中国人扬眉吐气的抗美援朝战争。

在医治战争创伤和恢复国民经济的行程中，他把目光投向历史的更深处，开创了一条适合中国国情的社会主义改造道路，确立了崭新的社会主义制度。

在进入社会主义社会以后，他又艰辛地探索着中国式的社会主义建设道路。

在东西方冷战对峙和风云变幻的国际局势面前，他始终警觉地关注着

祖国的独立和安全，并在迟暮之年开创了崭新的外交格局，使中国在经历长期的外部封锁之后重又走向整个世界。

毛泽东的最高理想和最大意愿，未必是想成为诗人。

但他的本性，他的素养，他的经历，特别是他的事业，却让他无可选择地成了一个诗人。

中国的变化，何尝不是诗一样的变化。

毛泽东的历史，何尝不是诗一样的历史。

毛泽东写诗，不单单是一种诗性的冲动，不单单是由于兴趣和爱好，甚至也不单单是因为他掌握了写诗的技巧。

写诗，是与他的生命和个性休戚相关的事实，与他的事业和追求相生相伴的形与影。

历史，给了毛泽东罕见的激情。

历史的演变，给了毛泽东独有的创造灵感。

历史演变的波澜壮阔，给了毛泽东非凡的写作方式——

昆仑之巅，长城之墙，仿佛是他胸中的笔。

华夏大地，高天厚土，仿佛是他笔下的纸。

黄河的水，长江的浪，仿佛是他纸上的墨。

炮声隆隆，千里莺啼，是诗中独到的平仄和韵脚。

万丈长缨，百舸争流，是诗中卓绝的遣词和句式。

屹立山顶的松，扎根原野的草，飞翔中天的鸟，游弋江湖的鱼。

还有那一年四季无比绚丽的花，从南到北迎风招展的旗，迷漫宇宙飘落飞舞的雪……

这千般风情，这万种生灵，便是跳动在诗中的字符。

每一首诗，似乎都成了一次事件、一段岁月、一种激情、一个理想的形象见证。

每一首诗，似乎都洞开着一扇窗户，往里看，那里有风骚独具的个性情怀。

正是在和人民一道创造历史的进程中，毛泽东顺便创造了只能属于他的诗。

这是一部史诗，真切地写照了在革命洪流中昂扬进取的人格精神。

这一部史诗，形象地反映了中国建设进程中的壮阔场面。

毛泽东一生奋斗，所以他一生有诗。

他的一生，十分自然地成了诗人的一生。

作为诗人，毛泽东是政治家诗人。

作为政治家，毛泽东是诗人政治家。

于是，一位外国朋友说：一个诗人赢得了一个国家。

如果换一种方式来表达：中华人民共和国，无疑是毛泽东和他的战友们领导人民群众创造性的最富有激情和想象力的伟大作品！

第二章

"奇士"
的青春

他常对人说：丈夫要为天下奇，即立奇志、交奇友、读奇书、创奇事，做一个奇男子。他把此话当真，此话也果然成真。后来的实际情形，无论是人格气质，还是功业贡献，都是如此。

什么样的岁月会在人生心路上刻下浓浓的痕迹？

人们会说，是青春的岁月。

什么样的故事会在人至晚年时深深地萦绕梦乡？

人们会说，是青春的故事。

青春的岁月所以刻痕最深，是因为每一个有志青年，在这段岁月中，无不信心百倍，壮怀激烈，一览无余地展露着生命的蓬勃活力。

青春的故事所以萦绕梦乡，是因为每一个有志青年，在这些故事里，预示着人生价值的不可限量，而整个人生的故事，也常常在青春行为里若隐若现地藏伏着序幕。

1915 年 9 月，湖南第一师范学校二年级学生毛泽东，做了一件很特别的事情。

他根据"毛泽东" 3 个字的繁体笔画数，用"二十八画生"的名字，在长沙一些学校贴了个好几百字的"征友启事"。

启事结尾化用《诗经》里的话说："愿嘤鸣以求友，敢步将伯之呼。"意思是鸟儿鸣叫着以寻求朋友，我也像古人那样呼吁，请兄弟们来帮助我。

结果只来了两个半愿意和他交朋友的人，其中一个，是当时在长沙长郡中学读书的罗章龙。

罗章龙也给自己起了一个气概不凡的名字，叫"纵宇一郎"。

"二十八画生"和"纵宇一郎"在湖南省图书馆相约见面。

畅谈3个小时，双方以风流自诩。一种流脉千年的文化精神把他们牵在了一起。

兴奋不已的罗章龙当天晚上写了一首诗："策喜长沙赋，骚怀楚屈平。风流期共赏，同证此时隋。"

"长沙赋"，说的是汉代贾谊在当长沙王太傅时写的《治安策》。"楚屈平"，就是创作出《离骚》这部千古绝唱的屈原。

春秋战国时，湖南属于楚国。历史上许许多多的文人骚客和爱国志士，都曾把他们的思想、情感、才华抛洒在这片土地上。

屈原、贾谊、李白、杜甫、范仲淹、辛弃疾、王夫之，他们的人格精神，融入这水光山色之中，形成源远流长的文化传统。

近代更有曾国藩、胡林翼、左宗棠、谭嗣同、陈天华、黄兴、蔡锷、宋教仁，以至中国的近现代史如果缺了湘人，几乎不可想象。

1919年5月，湖南省立第一师范湘潭学友会合影，二排左三为毛泽东

在流浪行吟中，纵身跳入湖南汨罗江的屈原，以深沉激越的爱国主义、高风亮节的人格风范、上天入地求索理想的浪漫情怀，成为湖湘文化的人格象征。

毛泽东刚上师范时，有一本听课笔记。一共 46 页，而前面的 11 页，都是用魏碑字体工工整整抄写的屈原的《离骚》和《九歌》。毛泽东还把《离骚》的内容，分段提要，写成了眉批。

如此追踪诗哲先贤，大概是屈原出污泥而不染的高洁情怀激励着青年毛泽东，去鄙视随波逐流的世俗之风；大概是屈赋的光芒照亮了诗国的天空，成了他汲取诗情和灵感的太阳。

和罗章龙订交后，他们时相过从，常作郊游。最快意的事情，大概是观览名胜古迹了。

他们来到长沙附近的拖船埠，那里有一座禹王碑，传说大禹在那里拖过船。他们寻访了屈原住过的玉笥山、纪念贾谊的太傅祠，以及杜甫流浪长沙时在岳麓山住过的崇德寺、辛弃疾在长沙练兵的旧址飞虎营……

寻访远逝的骚客先贤，青年毛泽东是在同他们作心灵的对话，还是在抒抚古思今的感慨？

正是在山川名胜的游历中，毛泽东似乎感受着符合他性格本色的一些东西。

这个东西大概可以叫作诗文意气。

法国大文豪雨果说："比大地更广阔的是海洋，比海洋更广阔的是天空，比天空更广阔的是人的心灵。"

青春之心所以比天空更广阔，是因为拥有比天空更广阔的期盼、追寻、想象和情感。

1917 年暑假期间，毛泽东邀了两个好朋友，各带一把雨伞、一个挎包上路了。他们靠作点诗、写点对联送人，换几个钱，解决途中的食宿问题。按湖南旧时习俗，他们被称作"游学"先生。

在湖南安化县城梅城，发生了一件趣事。

好吟诗作对，有点自命不凡的劝学所所长夏默庵，要试试来访的青年学生学问深浅，出了一个上联："绿杨枝上鸟声声，春到也，春去也。"

毛泽东即书属对，写出下联："清水池中蛙句句，为公乎？为私乎？"

对得工整且不说，语中内涵，也让这位老先生有些不好意思，顿然亲近有加。

这次"游学"，他们走了 5 个县，行程 900 多里，历时一个多月。人在旅途的生活显然让毛泽东收获了比他期望所得还多的东西，同时也收获了一些诗句。

这些诗句没有被完整地保留下来，我们只是从他的朋友们的记载中知道有这样一些联句——

"途见白云如晶海，沾衣晨露浸饿身。"

"野渡苍松横古木，断桥流水动连环。"

"云流千里远，人对一帆轻。"

"为赋新词强登楼。"

少年之作，在对景物的观览中，那视线还是青春的单纯，学子的轻松。

因为他的生命，还没有走进沉重的历史；他的个性，还没有融进困顿的现实。

当青年毛泽东的目光投向他所处的现实社会，我们看到的，便是另一种诗情、另一番意境了。

让人们惊讶的是，他留有手稿的第一首诗，便是长达 40 句的伤世感

怀的五言古风。

那是 1915 年 5 月，毛泽东的同班同学易昌陶因病去世了。悲从中来的毛泽东，写了这样一首挽诗——

去去思君深，思君君不来。

愁杀芳年友，悲叹有余哀。

衡阳雁声彻，湘滨春溜回。

感物念所欢，踯躅南城隈。

城隈草萋萋，涔泪侵双题。

采采余孤景，日落衡云西。

方期沆瀁游，零落匪所思。

永诀从今始，午夜惊鸣鸡。

鸣鸡一声唱，汗漫东皋上。

冉冉望君来，握手珠眶涨。

关山蹇骥足，飞飙拂灵帐。

我怀郁如焚，放歌倚列嶂。

列嶂青且茜，愿言试长剑。

东海有岛夷，北山尽仇怨。

荡涤谁氏子，安得辞浮贱。

子期竟早亡，牙琴从此绝。

琴绝最伤情，朱华春不荣。

后来有千日，谁与共平生？

望灵荐杯酒，惨淡看铭旌。

惆怅中何寄，江天水一泓。

在青春诗人毛泽东的感觉中，一阵飙风掀拂亡友的灵帐，好像天地为其悲泣。

好友早夭壮志未酬，活着的人们长歌当哭，以青碧的群山来试试自己的长剑如何。诗人与亡友有共同的报国之志，诗人的惆怅像长天江水一样绵绵不尽，混茫一片。

诗人为何这般惆怅？因为"东海有岛夷，北山尽仇怨"！

这两句，正是全诗的"诗眼"。

对此"诗眼"的最好注脚，是当时中国发生的一件大事。

5月7日，日本政府向袁世凯政府发出最后通牒，要他签订丧权辱国的"二十一条"。5月9日，袁世凯政府竟复文表示基本接受。消息传出，举国震动。湖南第一师范的师生将国内知名人士反对卖国条约的言论编印成册，题为《明耻篇》。

毛泽东在封面上愤然写道："五月七日，民国奇耻。何以报仇，在我学子。"

同窗好友易昌陶恰巧就是这个时候病故的。

易昌陶的去世，使毛泽东更牢固地树立了一个信念：强健体魄，对于人生奋斗，对于报国济世，有着重要的前提意义。

青年人都崇拜英雄。

毛泽东阅读了恺撒、拿破仑、彼得大帝、俾斯麦这些外国杰出人物的传奇故事，生命深处似乎洋溢起无比的兴奋和震颤。他说：中国也需要这样的人物。

毛泽东目睹了中国政治舞台上接连不断的军事角逐，生命的力量和体魄，似乎是施展抱负的根基。

《体育之研究》，是毛泽东平生公开发表的第一篇文章。在这篇文章里，他提出了一个颇为新鲜的口号："文明其精神，野蛮其体魄。"

毛泽东列举大量中外名人事迹，说他们之所以成就大业，都是因为身

健气雄之故。令他期期向往的，是那些尚武的先贤，勇烈的壮士，洒脱的剑客，因为他们有力拔山兮气盖世的"猛烈"和"不畏"。

说到做到的毛泽东，潜心实践着他的这个信念。

寒冬时节，他用冷水擦身。

大雨滂沱，他在野外奔跑。

江水滔滔，他去搏击风浪。

他甚至琢磨出一套强身健体的运动体操，四处推广。

一种"天将降大任于斯人"的浓烈气息，扑面而来。

志虽然人人都有，但可在格调上见出高低。

青年毛泽东之志是远大的，奇特的。

"与天斗，其乐无穷；与地斗，其乐无穷；与人斗，其乐无穷。"

——这是他当时在日记里写下的人生箴言！

他常对人说：丈夫要为天下奇，即立奇志、交奇友、读奇书、创奇事，做一个奇男子。

他把此话当真，此话也果然成真。后来的实际情形，无论是人格气质，还是功业贡献，都是如此。

青年毛泽东，被同学们称为"奇士"。

同学们感叹他的行为之奇，胆识之奇，志向之奇，甚至也感叹他写诗作文的"戛戛独造"之奇。

在"奇士"毛泽东周围，逐渐聚集了一批志同道合的朋友。

这是一群生活在浓烈的精神氛围中只顾大思大想的青年。

他们甚至不食人间烟火。

毛泽东20世纪30年代曾回忆过这样一个细节——

"在这种年龄的男青年的生活中，议论女性姿色通常占有重要的位置，可是，我的同伴不但不这样做，而且连日常生活中的普通事情也拒绝谈论。记得有一次我到一位青年的家里去，他对我说起要买些肉，而且当我的面把他的佣人叫来，同佣人谈买肉的事，然后吩咐他去买。我感到恼火，以后再也不和这个家伙见面了。我的朋友们和我只乐于谈论大事——人的性质，人类社会的性质，中国的性质，世界，宇宙！"

决定一个人的本质和生命的理想，总是以充满神秘的方式存在于他的心中。当他走出童年时，它就在他的心中发芽了，当他以青年人的热忱追求历史的真、社会的善、心灵的美的时候，它就已开花结果。

以后的收获，事实上都取之于生命之树在春天的萌芽。

毛泽东和他的青年伙伴们成立了一个决心要"革新学术，砥砺品行，改良人心风俗"的社团，叫"新民学会"。

成立会上，"纵宇一郎"罗章龙赋诗高歌——

他说："济济新民会，风云一代英。"这是个满怀抱负的浪漫群体，有着舍我其谁、行高于众的人格气象。

他说："庄严公约在，掷地作金声。"这是一群在中国大变动前夜孕育出来的佻挞不拘、立于天地之间大喊大叫的热血青年。

化用今日青年唱的歌词，仿佛是：要想就想它个透透彻彻，要做就做它个轰轰烈烈；想喊就喊它个倒海翻江，想唱就唱它个荡气回肠。

生逢国难当头的岁月，"奇士"们的青春，是何等耀眼。

让人生的青春融入扶危救国的"新民"，又是那般灿烂。

节假日，新民学会的成员常常相约到长沙的岳麓山、橘子洲、平浪宫等风景名胜处聚会。或臧否人物，议论世事；或登高吟咏，步韵唱和。这样的情景，毛泽东终生难以忘怀，晚年还不时回忆。

这个团体的许多人物，包括毛泽东、何叔衡、蔡和森、李立三、李维

汉、罗章龙，后来都成为中国共产党历史上赫赫有名的人物。

青春的聚散，犹如人生的云朵。这一朵云和那一朵云，在时代之风的吹拂下相聚了，又在时代之风的支使下分开了，各自带着往事的回忆，各自带着远大的抱负。

新民学会成立不久，罗章龙准备赴日本留学。大家在长沙平浪宫聚餐，为他壮行。

这是 3 年前毛泽东和罗章龙第一次见面的地方。旧地重游，旧地送别，当年谈论屈原、贾谊的诗文意气，又平添了新的抱负。

毛泽东为此写了一首《送纵宇一郎东行》相赠——

> 云开衡岳积阴止，天马凤凰春树里。
>
> 年少峥嵘屈贾才，山川奇气曾钟此。
>
> 君行吾为发浩歌，鲲鹏击浪从兹始。
>
> 洞庭湘水涨连天，艟艨巨舰直东指。
>
> 无端散出一天愁，幸被东风吹万里。
>
> 丈夫何事足萦怀，要将宇宙看秭米。
>
> 沧海横流安足虑，世事纷纭从君理。
>
> 管却自家身与心，胸中日月常新美。
>
> 名世于今五百年，诸公碌碌皆余子。
>
> 平浪宫前友谊多，崇明对马衣带水。
>
> 东瀛濯剑有书还，我返自崖君去矣。

虽然不免有历来送别诗的伤感词句，但更多的是自发的豪情和相互的勉励。诗开篇便是开阔的景致，造出明朗高华的气韵。接着，以屈原、贾谊这些才华横溢、胸怀大志的先贤来自喻和喻人，以湖湘地灵人杰的文化土壤来自励和励人。

这使人联想到毛泽东经常光顾的岳麓书院门前那副对联——
"惟楚有材，于斯为盛。"

诗人还鄙视那些昙花一现的碌碌诸公，俯视沧海横流和纷纭世事，一派是人当大任的雄心壮志。

志，犹帅也。它统摄着人的灵魂和生命，它支撑着人的胸襟和抱负，它规划着人的行踪和轨道，它孕育着人的气度和才干，它预示着人的发展和成就。

毛泽东在长沙（1919 年）

志之大小，总是决定着作为的大小。不能设想一个没有鸿鹄之志的人会有一番惊天动地的作为。

没有"胸中日月常新美"的人格之志，何来"敢教日月换新天"的中国之志，以致"太平世界，环球同此凉热"的世界之志？

志，在毛泽东的探索和追寻中，后来成了主义之志，信仰之志。

不久，毛泽东从湖南第一师范毕业了。他结束了五年半修学储能的学生时代，此后，他再也没有进学校读过书。

这年，他 25 岁。

最绚丽的生命状态是"含苞待放"的时刻。
这时，生命的内在活力开始完成空前的凝聚。
这时的生命，因美好而格外短暂，因短暂而格外美好。

"鲲鹏击浪从兹始"！

在诗意的想象中，既为一段生命历程画上了句号，也仿佛是历史女神为他们这群青年施展抱负拉开了帷幕，必须以大智大勇的心力，作一番激动人心的演出。

生命之花的初期开放，是值得赞慕的。

它的"欲放难含"而又"放而难束"的景象，给人们留下了无限想象的空间，还有久久难舍的留恋。

一年后，沐浴着五四大潮的毛泽东，已经站到了一个新的人生高度。在这个高度上，他曾这样回忆学生时代的青春意气——

> 大哉湖南，衡岳齐天，洞庭云梦广。
> 沅有芷兮澧有兰，无限发群芳。
> 风强俗劲，人才斗量，百战声威壮。
> 湘军英武安天下，我辈是豪强。
> 听军歌淋漓悲壮，旌旗尽飞扬。
> 宛然是，枪林弹雨，血战沙场样。
> 军国精神，湖湘子弟，文明新气象。

这是青年毛泽东曾经唱过的湖南学生运动曲的歌词。

1919年8月，他把它发表在自己编的《湘江评论》上面，还说："最足令人留着印象的，就是学生运动曲高唱入云的悲壮声音……"

第三章

月亮吟

　　追念亡妻杨开慧、亡友柳直荀，
已经没有了《贺新郎》的断肠凄清，
更没有《虞美人》的孤愁缠绵。有
的则是上天入地的大境界，感天动
地的大精神。毛泽东的情感，被想
象包裹起来，升华了。杨开慧和柳
直荀，已融进了另一个概念——为
革命献身的忠魂烈士。

初恋，是人生最为珍贵，也最富有诗意的情感经历。

在情人眼里，河床上总是流淌着如梦如幻的清波，清波里总是倒映着绿得发亮的垂柳，垂柳下总是生长着如诗如画的花草，花草间总是旋转着金黄的太阳和银白的月亮。

1918年，25岁的毛泽东第一次到北京萌发的爱情，也是这样地充满着诗情画意。

爱情是在一片冰雪的世界里开始的。

1936年，毛泽东曾对斯诺作过这样的回忆——

"在公园里和故宫广场上，我却看到了北方的早春。当北海仍然结着冰的时候，我看到白梅花盛开。我看到北海的垂柳，枝头悬挂着晶莹的冰柱，因而想起唐朝诗人岑参咏雪后披上冬装的树木的诗句：'千树万树梨花开。'北京数不尽的树木引起了我的惊叹和赞美。"

和毛泽东一道享受这些美景的，是一位18岁的姑娘。她是毛泽东的老师杨昌济的女儿杨开慧。

正是在北京的公园和名胜一同观赏冬春景色的日子里，毛泽东和杨开慧确立了恋爱关系。

作为书香门第的闺秀，杨开慧生活在高尚和浪漫的爱情理想之中。她对毛泽东的爱慕之情，也是那样地富有个性。

毛泽东夫人杨开慧

　　她在日记里写下了这样的文字："不料我也有这样的幸运，得到了一个爱人！我是十分的爱他，自从听到他许多的事，看见了他许多文章、日记，我就爱了他。"

　　坠入爱河的杨开慧，是一位新青年。她虽然爱毛泽东，"但绝不表示"，因为她"不要人家被动地爱"她。

　　结果，两位在五四思想解放大潮中成长起来的知识青年，常常被深沉而含蓄的爱情表达方式所困扰。

　　杨开慧后来回忆说："我们彼此都有一个骄傲脾气，那时我惟恐他看见我的心（爱他的心）。""他因此怀了鬼胎，以为我是不爱他。但他的骄傲脾气使他瞒着我一点都没有表现……"

　　爱情成为了甜蜜而痛苦的心理感受。

　　特别是在离别的时候，在孤夜独处，地上那双星星般的眼睛和天上无

数眼睛般的星星深情对视的时候，毛泽东的情丝是那样地深沉、缠绵，似乎轻轻一拨，就能响起动人的心曲——

> 堆来枕上愁何状，江海翻波浪。
> 夜长天色总难明，寂寞披衣起坐数寒星。
>
> 晓来百念都灰尽，剩有离人影。
> 一钩残月向西流，对此不抛眼泪也无由。

寡情未必真豪杰，眷爱更为大丈夫。

这首缠绵悱恻、柔情爱意的《虞美人·枕上》，是1921年因为一次短暂别离写给杨开慧的。

这是毛泽东诗词中唯一的一首纯粹写爱情的作品，唯一的一首属于婉约格调的作品。

社会背景在诗中淡然远去，唯有"我"在夜晚的相思，在拂晓的所见，而所见更引起相思，恰如李商隐《无题》中说的，"一寸相思一寸灰"。

对不大用笔墨表达爱情的毛泽东来说，这是非常难得的。

他曾是青春诗人，在青春时节却没有爱情之作。

如今已近而立之年，过了青春时节再来讴歌爱情，或许更见其执着的性情。

毛泽东没有独享这爱情的特殊感受。他把这首词抄给了杨开慧，而自己则把它保存了一辈子。

晚年又把这首词翻出来，作了几处修改。1961年，又书写下来交给身边的卫士张仙朋，希望他好好保存。

诗人的爱情故事，还在延伸。

1920年冬天，杨开慧来到湖南第一师范附小的教师宿舍，不坐花轿，不备嫁妆，没有媒妁之言，"不作俗人之举"，自由地和毛泽东结了婚。

不久，毛泽东辞去了教职，把家搬到了长沙小吴门外的清水塘。

这时的毛泽东，已经成为行踪不定的职业革命家。

除了肩负起全部家务之外，杨开慧也把自己的一切献给了党的事业，把全部的依恋和寄托贯注到毛泽东身上。在繁忙之余，面对孤灯幼子，杨开慧难免生出惆怅之情。而毛泽东的生活节奏太快、太强，似乎有些忽略了妻子的感受。

1923 年 12 月底，毛泽东又要离开长沙，到广州参加国民党的第一次全国代表大会。如此行色匆匆，使 3 年的夫妻生活离多聚少。

革命与爱情，事业与家庭，无疑是经常困扰夫妻间的话题。

是呵，前者和后者，犹如太阳和月亮。

没有月亮辉映，太阳也会忧伤。

因为太阳照耀，月亮才会发光。

"黯然销魂者，唯别而已。"

清水塘边的小道，夫妻俩不知走了多少回。而这天拂晓的送别，清冷的天色，清冷的弯月，清冷的水塘，清冷的草路，再加上妻子杨开慧那清冷的眼泪。此情此景，毛泽东实在忘怀不了。

于是，一首《贺新郎·别友》就这样从心底涌了出来——

挥手从兹去。

更那堪凄然相向，苦情重诉。

眼角眉梢都似恨，热泪欲零还住。

知误会前番书语。

过眼滔滔云共雾，算人间知己吾和汝。

重感慨，泪如雨。

毛泽东手书《贺新郎·别友》

今朝霜重东门路。

照横塘半天残月，凄清如许。

汽笛一声肠已断，从此天涯孤旅。

凭割断愁丝恨缕。

我自欲为江海客，更不为昵昵儿女语。

山欲坠，云横翥。

如果说《虞美人·枕上》说的是"昵昵儿女语"，这首词却明确表示"不为昵昵儿女语"了。哪怕是在茫茫世间做漂萍般的"天涯孤旅"，也要割断绵绵情丝。

说得比较含蓄，革命家的情愫，却是一目了然。

但是，词的上半阕又分明是地道的"儿女语"，分明是夫妻间难舍的人间知己情，诗人甚至把一些不快的误会和私房话也写了出来，希望妻子把误会化作过眼滔滔的云和雾。

健笔写柔情，婉约透豪放。

没有脂粉气，却是情意长。

"天上有个太阳，水中有个月亮，我不知道，哪一个更圆，哪一个更亮。"——这是一首流行歌曲的歌词。

在这首《贺新郎·别友》里，革命和爱情，太阳和月亮，交相辉映。你已无法剥离出，哪是革命的太阳，哪是爱情的月亮。

毛泽东非常看重这首词。

在延安的时候，他曾读给来访的美国记者史沫特莱听，使后者当即认定他是诗人。到了晚年，他多次修改这首词，一直到 1973 年。

上阕结尾"重感慨，泪如雨"，改为"人有病，天知否？"

下阕结尾"我自欲为江海客，更不为昵昵儿女语。山欲坠，云横翥"，改为"要似昆仑崩绝壁，又恰像台风扫寰宇。重比翼，和云翥"。

爱情之歌融化进了革命的涛声。

月光融进了阳光。

正是为了去拥抱革命的太阳，1927 年 8 月下旬，一个朦胧的夜晚，杨开慧站在长沙板仓杨家后山的棉花坡上，再一次目送着穿一身灰色长袍却要去领兵打仗的毛泽东渐渐远去。

结婚 7 年，留下 3 个孩子，大的才 5 岁，小的才几个月。杨开慧肯定不会想到，这竟是他们的永诀。

在离别中，毛泽东驰骋疆场，成了马背诗人。

在离别中，杨开慧坚持地下斗争，抚育孩子，在孤灯长夜里，伴着那流泪的烛光，写下她独特的心曲——

"无论怎样都睡不着，虽然倒在床上，一连几晚都是这样，合起来还睡不到一个晚上的时辰。"

四处转战的毛泽东，四处托人打听杨开慧的下落。他甚至给远在上海的李立三写信说："开慧和岸英等我时常念及他们，想和他们通讯，不知通讯处。闻说泽民在上海，请兄替我通知泽民，要他把开慧的通信处告诉我，并要他写信给我。"

毛泽东随后用暗语给杨开慧写了一封信，说他出门后，开始生意不好，亏了本，现在生意好了，兴旺起来了。

杨开慧接到了毛泽东的来信："他终于有信来了，我接着喜欢得眼泪滚流下来了。"

每天在相思中掰着指头度日的杨开慧，迎来了毛泽东的生日。1929 年 12 月 26 日这天，她写下了这样的文字——

"今天是他的生日，我格外的不能忘记他。我暗中行事，使家人买了一点菜，晚上又下了几碗面。……晚上睡在被里又伤感了一回。听说他病了，并且是积劳的缘故，这真不是一个小问题。"

"思君如夜烛，剪泪几千行。"远方的心上人太令她挂念了。

不眠的冬夜，本来就有诗人气质的杨开慧，写了这样一首诗——

"平阴起朔风，浓寒入肌骨。念兹远行人，平波突起伏。足疾已否痊，寒衣是否备？……念我远行人，复及数良朋。心怀长郁郁，何日复重逢。"

他们终究没有重逢。

1930年，红军第二次攻打长沙时，湖南军阀何健把杨开慧抓了起来，对她说：只要你宣布和毛泽东断绝关系，就放了你。这位外表柔弱的女子拒绝了这个可以给她带来生路的选择。

她被敌人杀害了，只有29岁。

杨开慧牺牲前，说了一句话："死不足惜，但愿润之革命早日成功。"

听到杨开慧牺牲的消息，毛泽东也说了一句话："开慧之死，百身莫赎。"

他借用的是《诗经》里的话。

似乎早有牺牲的准备，杨开慧把自己写的那首题为《偶感》的诗稿和题为《自述》的回忆散记，藏在了长沙板仓镇杨家老屋墙壁的砖缝里。直到1983年翻修房屋时，才偶然被发现，得以重现人间。

此时距杨开慧牺牲已有52年，而毛泽东离开人世也过去了6个春秋。

这4000多字的手稿，已经被岁月侵蚀得陈迹斑斑、页卷残破。

一个女性的爱情火焰，就这样在黑暗的狭小空间里，独自燃烧了半个多世纪。

在战争年代，毛泽东或许还没有相应的心境把自己的怀念之情转化成诗。等他有相应的心境赋诗悼念的时候，诗情却已经转到另外一路了。

1957 年 1 月,《诗刊》第一次公开发表了毛泽东在"马背上哼成"的 18 首诗词,杨开慧的中学同学李淑一读后,想起曾看到过毛泽东 1921 年写给杨开慧的那首《虞美人·枕上》。她写信给毛泽东,请求抄寄全词,还给毛泽东寄来自己 1933 年听说丈夫柳直荀牺牲时,结想成梦、和泪填写的一首《菩萨蛮》。

"征人何处觅?六载无消息。醒忆别伊时,满衫清泪滋。"

李淑一的这首《菩萨蛮》,和杨开慧牺牲前留下的那首《偶感》诗稿一样,表达着同样的情感,同样的思念。

都是阳光下的月亮之歌。

读到李淑一的信和词,毛泽东没有把《虞美人·枕上》抄给李淑一。但李淑一的词,却在他的内心世界激起难以平息的涌潮。他虽然没有读到杨开慧生前想念自己的诗,但却完全可以体会到杨开慧当时的思念之情。

在回信中,毛泽东径直说,"大作读毕,感慨系之",并嘱李淑一"到板仓代我看一看开慧的墓"。

这时,毛泽东已经有了表达"感慨"的特殊方式。正是李淑一的《菩萨蛮》,激起他的诗情,写下别具一格的悼亡之作《蝶恋花·答李淑一》——

　　我失骄杨君失柳,杨柳轻飏直上重霄九。
　　问讯吴刚何所有,吴刚捧出桂花酒。

　　寂寞嫦娥舒广袖,万里长空且为忠魂舞。
　　忽报人间曾伏虎,泪飞顿作倾盆雨。

追念亡妻杨开慧、亡友柳直荀,已经没有了《贺新郎》的断肠凄清,更没有《虞美人》的孤愁缠绵。有的则是上天入地的大境界,感天动地的

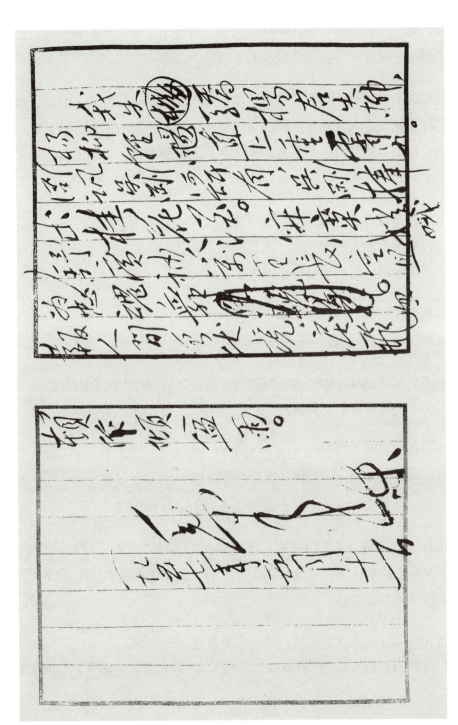

毛泽东手书《蝶恋花·答李淑一》

大精神。毛泽东的情感，被想象包裹起来，升华了。杨开慧和柳直荀，已融进了另一个概念——为革命献身的忠魂烈士。

他们以羽化成仙的形式获得了永生。他们来到了美丽的天上月宫，那个被罚在那里没完没了地砍桂树的吴刚老头，也要折腰向他们奉献上好的桂花酒；那个偷吃仙丹跑到月宫却永失欢乐的寂寞嫦娥，也翩翩起舞来欢迎他们。

毛泽东还想象，忠魂烈士仍然关注着、牵挂着他们为之奋斗的事业，所以当传来革命胜利的消息，二人竟洒下如倾盆大雨的泪水。忠魂烈士快慰了，毛泽东思念伴侣的情感也深化了。

爱是个人感情，却对应着整个世界。

人若失去这种情感，世界也会黯然。

毛泽东并非刻意地借爱情抒写政治，也不是刻意地用政治比喻爱情。因为个人与世界的必然对应，他把爱情提高到了政治，升华为历史。

同毛泽东私交颇厚的民主人士章士钊，在读了《蝶恋花·答李淑一》后，曾当面问他：为什么把杨开慧称作"骄杨"？

毛泽东回答说："女子革命而丧其元（头），焉得不骄！"

1921年的《虞美人》，1923年的《贺新郎》，1957年的《蝶恋花》，即使不能说是毛泽东一生关于爱情的全部咏唱，至少也构成了他的爱情之歌的最强音符和主旋律。

这3首写给杨开慧的作品，都寄情于月亮——

"一钩残月向西流"，"照横塘半天残月"，更有那长空明月，"嫦娥舒广袖"。

月亮的清辉，月亮的清朗，月亮的清美，月亮的清纯……

月是恋人心，月是故人情，它是那般地绮丽忧伤，它是那般地高尚脱俗……

这3首写给杨开慧的作品，都抛洒了眼泪——

"对此不抛眼泪也无由"，"重感慨，泪如雨"，更有那"泪飞顿作倾盆雨"。

丈夫有泪即可流，只因到了动情处。

天地有阴阳，人性有刚柔，思绪有情理，声容有哭笑。

真正好的爱情诗，何尝不是月光下的吟唱，何尝不是由血与泪、歌与哭、爱与情串联凝结起来的呢？

第四章

问乾坤
沉浮

"我们不说，谁说？我们不干，谁干？"如果说这还是有几分书生意气的豪言壮语的话，那么，《沁园春·长沙》则以一声"问苍茫大地，谁主沉浮"告别了过去，为过去的书生意气画上了一个句号。

前些年有部电影，叫《毛泽东在1925》。影片说的是那年春夏，主人公在韶山发动农民运动的故事。

当时，32岁的毛泽东踩着国共合作的大革命洪流回到家乡。他的公开身份是国民党中央执行委员会候补委员，在革命阵营，也算得上是一个"大官"了。

韶山一带掀起了红红火火的局面。

毛泽东创办农民夜校，组织农民协会，还秘密建立了中国共产党的韶山支部和国民党的区党部。他发动农民平粜除米，阻谷出境，同地主民团进行针锋相对的斗争，使大革命的时代洪流奔涌在了偏远的乡村。

毛泽东在韶山的举动，惊动了省城。反对国民革命，一心要抓革命党的湖南省省长赵恒惕，密派快兵赶赴韶山捉拿毛泽东。幸亏有好心人通了消息，1925年8月28日那天，毛泽东趁着月色，扮作乡下郎中，被人用轿子抬出了韶山。

然而，电影的结尾，却是让毛泽东乘坐小船离开了韶山。韶山本不通船，创作者为什么要做这样的处理呢？

这样的结尾，也许正是要突出毛泽东的诗情——

独立寒秋，湘江北去，橘子洲头。

看万山红遍，层林尽染；

漫江碧透，百舸争流。

鹰击长空，鱼翔浅底，万类霜天竞自由。

怅寥廓，问苍茫大地，谁主沉浮？

携来百侣曾游。忆往昔峥嵘岁月稠。

恰同学少年，风华正茂；

书生意气，挥斥方遒。

指点江山，激扬文字，粪土当年万户侯。

曾记否，到中流击水，浪遏飞舟？

离开韶山的毛泽东来到了赵恒惕的眼皮底下——长沙。

这首《沁园春·长沙》，就是在长沙旧地重游时写下的。

风物依旧的长沙，五载读书生活时的景致历历在目；可世势全然大变。过去的狂放和岁月的流逝，眼前的峥嵘和社会的生机，还有未来中国的寥廓和希望，都一股脑儿地涌上诗人的心头。

上阕写充满朝气的万物气象。一个"看"字，写尽明丽高远的秋天景色。

枫林如火，深寓着他火热的革命家情怀；万类霜天，寄托着对自由解放的向往和追求。

下阕写充满朝气的人格主体。一个"稠"字，道出了无尽的苍凉和想象。

青春岁月，摆脱不了的回肠荡气；指点江山，从昨天延伸到今天的英雄本色。

在迎送岁月的时候，人们在创造生活，有的人，同时会创造历史。

熟悉的往事逐渐远去。陌生的现实和未来正步步逼近。

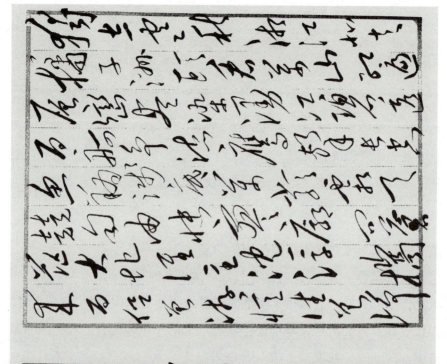

毛泽东手书《沁园春·长沙》

这时的中国，恰如"百舸争流"的竞技场。国民革命席卷南方，同北方的军阀统治遥相对峙。面对奔腾不息的江水和争相前行的大小船只，诗人感到是那样地亲切，又平添出异样的严峻。

是呵，就像辽阔的天空和水面，任人角逐，但究竟鹿死谁手，尚未可知。

在人类斗争的风浪中，又是谁能够游到胜利的彼岸呢？

诗人的耳边，或许回荡着他5年前在《湘江评论》上敲响的黄钟大吕——

"天下者我们的天下，国家者我们的国家，社会者我们的社会，我们不说，谁说？我们不干，谁干？"

毛泽东是一个喜欢提出问题的人。

他常常问天，问地，问人，问自己。向世界发出各种各样的提问并寻找答案。他的追问，有时是诗人的，有时是政治家的，有时是哲学家的，有时是革命家的。有时，则兼而有之。

"我们不说，谁说？我们不干，谁干？"如果说这还是有几分书生意气的豪言壮语的话，那么，《沁园春·长沙》则以一声"问苍茫大地，谁主沉浮"告别了过去，为过去的书生意气画上了一个句号。

从此，一心要扭转乾坤的诗人毛泽东，开启了以更加具体沉实的责任感为基本旋律的创作时代。

1963年编选《毛主席诗词》时，他特意把这首《沁园春·长沙》选为开卷之作，足见这首32岁之作的分量。

诗人还解释说："怅寥廓，说的是在北伐以前，中国的命运究竟由哪一个阶级做主？"

写完《沁园春·长沙》，毛泽东来到了当时国民革命的大本营广州，

成为引人注目的政治家。

正是在广州，毛泽东和五四时期开一代诗风，高唱"要把月来吞了"的浪漫诗人郭沫若相遇了。

一个是未来的旧体诗大家，一个是已经风靡文坛的新诗领袖。

他们的见面，却不是因为诗缘的遇合，而是风起云涌的革命洪流的牵连。

在郭沫若的记述中，毛泽东当时是一派白面书生的形象：

"到了祖涵房家里，他却不在，在他的书房里却遇着了毛泽东。太史公对于留侯张良的赞语说：'余以为其人必魁梧奇伟，至见其图，状貌如妇人好女。'吾于毛泽东亦云然。人字形的短发，分披在两鬓，目光谦抑而潜沉，脸皮嫩黄而细致，说话的声音很低而娓娓，不过在当时的我，倒还没有预计过他一定非'魁梧奇伟'不可的。在中国人中，尤其在革命党人中，而有低声说话的人，倒是一种奇迹。他的声音太低，加上我的耳朵素来有点背，所说的话实在连三成都没听到。不过大意是懂得的，所说的不外是广东的现状。"

广东的现状是，刚刚发生了蒋介石逮捕共产党员李芝龙的"中山舰事件"，这是让毛泽东焦虑忧心的现实课题。

毛泽东是一个善于提出问题和回答问题的政治家。

或许是得益于在韶山从事农民运动的收获，在广州，毛泽东劈头提出了这样一个发人深省的问题——

"谁是我们的敌人？谁是我们的朋友？这个问题是革命的首要问题。"

这个问话，后来被收入《毛泽东选集》，是四卷雄文中开篇的第一句话。

革命是要有资源的。最重要的资源就是愿意革命的人。

出类拔萃的人，无论是诗人，还是政治家，无一例外地有一个共同点，就是对现实中的根本问题有一种独特发现、直觉洞察和深刻把握，都是审时度势的高手。

毛泽东当时最大的发现和洞察，是把亿万农民当作革命最重要的朋友。

随着北伐战争的节节胜利，农民运动越来越成为人们关注的焦点。1926 年 11 月，毛泽东受命担任中共中央农委书记。然后他一路西进，赶赴武汉。

这时候，革命已开始成为一个沉重的时代话题。

1927 年 3 月，通过对湖南农民运动的考察，毛泽东在武汉做出了关于当时中国革命的经典描述——

"革命不是请客吃饭，不是做文章，不是绘画绣花，不能那样雅致，

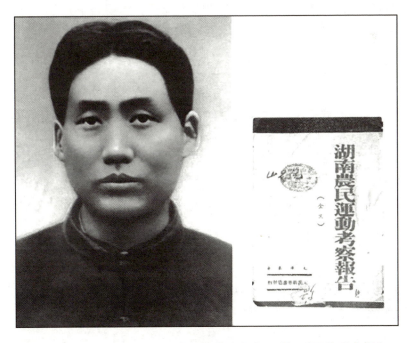

毛泽东在武汉（1927 年），右图是他从湖南回武汉后写的考察报告

那样从容不迫，文质彬彬，那样温良恭俭让。革命是暴动，是一个阶级推翻一个阶级的暴烈的行动。"

果然，一进入 1927 年 4 月，在轰轰烈烈的国民革命洪流溅起的浪花里，一股腥风血雨的气息扑面而来。

掌握枪杆子的北伐军总司令蒋介石，在上海向共产党人举起了屠刀。

不久，中国共产党的主要创始人之一李大钊在北京被军阀杀害。

形势骤变的革命，波谲云诡的政治。

一切都在充满信心地进行，但对丹心救国的革命者来说，一场劫难就要来临。

这就是 1927 年的春天。一个让毛泽东感受不到明媚和灿烂的春天。一个让毛泽东感受着阴沉和压抑的春天。

他陷入沉思。禁不住像历代迁客骚人那样，缓缓登上了长江边上、蛇山丛中的黄鹤楼。

传说一户姓辛的人家在蛇山上卖酒，接待了一位道士。这个道士喝得高兴，随手用橘皮在墙壁上画了一只黄鹤。从此，每有客至，黄鹤便翩然而下，临风起舞，这户酒家很快便兴旺起来。10 年后，道士重返故地，见辛氏已成巨富，便吹起玉笛，骑着这只仙鹤远去了。

从此，便有了这座黄鹤楼。

数不清的文人墨客慕名登临，赋诗吟唱。唐代的崔灏、李白、白居易来了，宋代的苏轼、陆游也来了。

崔颢在这里写下了千古名句——"昔人已乘黄鹤去，此地空余黄鹤楼"。天才诗仙李白到此，看到这副题诗，摇头感叹——"眼前有景道不得，崔颢题诗在上头"。

毛泽东，也来了。在一个特殊的历史时刻来了。

黄鹤楼头，鹤去楼空。

黄鹤楼下，江山依旧。

江山依旧，却已时过境迁。

时过境迁，已是山雨欲来。

国民革命的成败命运，已经走到了一个历史的关口。

一种回天无力的苍凉、痛楚和悲怆，在毛泽东胸中浸漫着。本是春色开朗的荆湖形胜，也变得凝滞、枯涩起来。

于是，人们又听见了诗人的吟哦、寻问与呼喊——

> 茫茫九派流中国，沉沉一线穿南北。
> 烟雨莽苍苍，龟蛇锁大江。
>
> 黄鹤知何去？剩有游人处。
> 把酒酹滔滔，心潮逐浪高！

这首《菩萨蛮·黄鹤楼》，大概是毛泽东的政治诗中写得最压抑和凝重的一首。几乎不用多解，只要体会"茫茫""沉沉""苍苍"这几个叠词，更加上一"莽"一"锁"二字的选用，便不难体会诗人当时的心情是何等沉重。

大革命失败前夕的险恶危机，纷纭杂沓的历史事件，瞬息万变的革命形势，似乎都没有写进诗里，但作者的心情已经把它们包裹其中。

是呵，站在黄鹤楼上，极目所见，"九派引沧流"的浩荡长江横亘东西，一线如悬丝的京广铁路纵贯南北，形成了一座天然的地理坐标。

诗人伫立的黄鹤楼，正处在这南北东西的交汇点上。

在这里交汇的，不光是南北东西。革命与反动，胜利与失败，历史和未来，似乎都在这里交汇了。

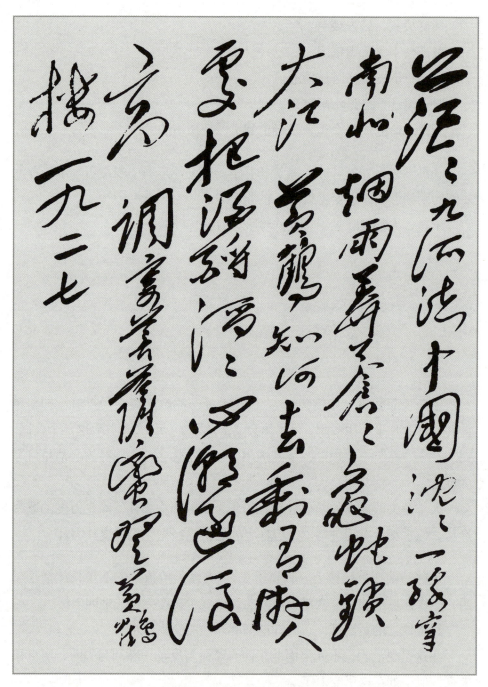

毛泽东手书《菩萨蛮·黄鹤楼》

"心潮逐浪高"的毛泽东，思考着革命的前途。

"剩有游人处"的黄鹤楼，见证了这一历史关头。

毛泽东后来在注释这首词的时候，毫不掩饰地说："1927 年，大革命失败的前夕，心情苍凉，一时不知如何是好。这是那年的春季。"

从 1925 年秋天在长沙满怀豪情问一声"谁主沉浮"，到 1927 年春天欲说还休"把酒酹滔滔"，画出了毛泽东在大革命洪流中的一条心灵曲线，这是一条从"万类霜天竞自由"的明快自信，到"沉沉一线穿南北"的苍凉凝重的曲线。

1927 年 5 月 21 日，一个叫许克祥的小军阀，只用一个团的兵力，就把湖南看似强大的农民运动彻底摧毁，把中国共产党在湖南的力量全部打入地下。

这就是马日事变。

正是马日事变，让"心情苍凉"的毛泽东重新去理解"谁主沉浮"，重新去思考"出路何在"。

主宰沉浮的出路何在？——"枪杆子里面出政权"。

在八七会议上，毛泽东一语惊天下。

他说："对军事方面。从前我们骂孙中山专做军事运动，我们则恰恰相反，不做军事运动专做民众运动。蒋（介石）、唐（生智）都是拿枪杆子起的，我们独不管。……须知政权是由枪杆子中取得的。"

一个根本没有想到摸枪的人，一旦从教训的血泊中爬起来，可能比谁都更强烈地把枪杆子看作命根子。

八七会议选举毛泽东为中央政治局候补委员。但他谢绝了去上海党中央机关工作的安排。他说："我不愿去住高楼大厦，我要上山结交绿林朋友……"

这是诗人习惯的诙谐幽默之语，但同样也是革命家的严肃而独具慧眼的政治表态。

因为只有带着武器"上山下乡"，才是挽救革命的"突围"之路。

当时的中国革命，不是请客吃饭，不是绘画绣花，不能那样雅致。

自幼熟悉《水浒传》的毛泽东，特别喜爱那些扯旗造反、啸聚山林、纵横江湖的绿林英雄。

后来果然走上这条道路的毛泽东，特别喜欢宣传《水浒传》带给历史的一个深刻启示——逼上梁山！

20 世纪 60 年代，正是亚非拉许多国家的民族革命风起云涌的时候。不少国家或政党的领导人到中国来"取经"，他们除了向毛泽东请教武装斗争的办法外，还常常问起毛泽东是怎样成为战争大师的。

毛泽东的回答基本上就是四个字——"逼上梁山"！

他总是说：以前我没有准备打仗，是教小学的。就在那年被逼上梁山。七搞八搞，搞了十年，打了一部分败仗，多数是胜仗。

毛泽东和他的战友们的经历，再现了"逼上梁山"这条悠远之路。

毛泽东和他的战友们，以新的信念、新的方式重演了这条路上的悲壮故事。

但是，这条路走得很突然，走得更是艰难。它一下子改变了许多人的信念，重铸了许多人的人生和命运。

比如毛泽东，握惯笔杆子的手，抓起了枪。

但拿着枪的手再来写诗，就不再是雕琢出来的平仄，而是用枪声来押韵了。

这种诗韵，毛泽东刚一踏上这条路，就敲响了它的第一个音符。

那是 1927 年 9 月。这个穿长袍、留长发，身子也显得特别颀长的书生，发动了湘赣边界秋收起义，指挥三路人马去攻打省城长沙。

按照毛泽东的要求，起义人员仿制苏联红军军旗式样，设计制作了中国工农革命军第一面军旗。红底象征革命，旗中央的红星代表中国共产党，镰刀斧头代表工农群众，说明中国工农革命军不同于国民革命军，它是中国共产党独立领导的工农革命武装力量。

眼见自己策划的这一从未有过的壮景，怎能不激起毛泽东的诗情呢？

> 军叫工农革命，旗号镰刀斧头。
> 匡庐一带不停留，要向潇湘直进。
>
> 地主重重压迫，农民个个同仇。
> 秋收时节暮云愁，霹雳一声暴动。

这首《西江月·秋收起义》，写于起义开始之际。

这期间，毛泽东很忙，却无比地兴奋；他一度被捕，心情自然无比地焦急。心情之急迫，乃至不得不以诗抒怀，是可想而知的。

革命毕竟像"霹雳"那样惊世骇俗，那样暴烈，那样具有震撼力，也那样充满特殊的诗意。

搞这样一个大举动，无疑是两年前关于乾坤沉浮的那一声诘问的实践回音。

全词文气，写得集中、紧凑，给人旗开得胜、马到成功的感觉。对读书出身、第一次领兵打仗的毛泽东来说，也很自然。他毕竟还不是一个成熟的军人，甚至还不习惯穿军装。在当事人的回忆中，他始终穿着那身人们习惯了的长衫。

然而，暴动像霹雳一样出现，也像霹雳一样从空中划过去了。

几天时间，攻打长沙的三路人马相继受挫。下一步该何去何从，大家争论不休。

靠诗情写诗，但未必靠诗情办事的毛泽东，说服大家，放弃合围攻打长沙的计划，指挥 1000 多人马向山区转移。

谁都不会料到，这一去，便成就了一位天才军事家。

这一去，也成就了一位卓越的马背诗人。

第五章

用兵纪实

在刀光剑影中奔突的诗人毛泽东，不只是战场的亲历者，不只是一般的战场指挥者，作为一方的统帅，他常常还是整个战役的导演者、策划者。于是他有了和古代战争诗人不同的感受——"枯木朽株齐努力"；不同的视野——"七百里驱十五日"；不同的气魄——"横扫千军如卷席"；不同的诗趣——"有人泣，为营步步嗟何及"。

国的蒙哥马利元帅，是第二次世界大战时的英雄。他曾在非洲率领军队打败了"沙漠之狐"德军元帅隆美尔。

毛泽东和他很谈得来，曾三度同他握手，还一起回顾了各自的军事生涯。

在 1960 年的会见中，毛泽东说："你有 35 年军龄，你比我长，我只有 25 年。"

蒙哥马利自豪地纠正说："我有 52 年了。"

毛泽东也不示弱："可是我还是共产党的军事委员会主席。"

坦率的对话，不难看出两个统帅对自己的军事生涯都特别珍惜和自豪。

一年后再次相见，蒙哥马利也再度询问："在这许多年打仗的时期，主席有没有亲自在战场上指挥作战？还是说主席主要还是在上面指挥？"

毛泽东回答："22 年中，有十几年在战场上指挥，有 4 年当全国的统帅。"

蒙哥马利或许是明知故问："主席有没有军衔？"

毛泽东的回答显得漫不经心："他们要给我军衔，我不要。"

一个统帅竟然不要军衔，蒙哥马利似乎感到不可思议："主席不想当元帅？"

毛泽东回答得很干脆："将、校、尉都不要。"

不想当元帅的毛泽东，却是中国当之无愧的大元帅。

只不过在 1955 年评授军衔的时候，他拒绝了大元帅的称号。

孕育中国大元帅的土壤，是中国大地东南罗霄山脉中段一片峭险峻拔的群山，人们称它为井冈山。

多少年来，这里虽然雄伟，却很荒凉。

1927 年冬，毛泽东率领一彪人马上了山，同这里的"山大王"王佐、袁文才合兵一处。

翻过年来的 1928 年 4 月，一支以朱德为军长、毛泽东为党代表和前敌委员会书记的中国工农革命军第四军，在井冈山打出了自己的旗号，不久改为中国红军第四军。

这里开始成为一片雄伟而热闹的天地。

中国共产党领导的农村革命在这里燃起星星之火，井冈山成了哺育未来新中国的一个摇篮，一个鲜明独到的"路标"。

再往后，伴随着隆隆的一声炮响，催生出诗人毛泽东的一首《西江月·井冈山》，又让这片天地化作了永恒。

从毛泽东成为马背诗人的第一天起，他的诗词，便成了他领导的战事的真实记录。

而他早期的用兵纪实之作，大都是描写守山固寨、反击"围剿"的历程。

朱德和毛泽东，也被那些要"围剿"他们的国民党军队诬称为"匪首"。

就连国内其他省份闭塞的穷乡僻壤的土豪乡绅们，也有许多人知道赣省出了让人胆寒的"朱毛"。不过，他们所了解的还只是："所谓朱毛者，姓朱名毛，字赤匪，江西人也。"

当时远在上海的党中央的一些领导人，对这种表面看来太传统的造反方式也不大适应。他们说朱德、毛泽东的搞法，只是替农民打抱不平的"梁山泊英雄侠义的行为"。

毛泽东则自嘲地称自己做了"山大王"。

这位"山大王"，在山里写的第一首诗，说的是 1928 年 8 月反击国民党军队第二次"会剿"中的黄洋界保卫战。

黄洋界是井冈山的五大哨口之一。这里山高岭陡，仅有的一条羊肠小道在峭壁间环绕，用石头垒起来的哨口设在两峰之间。山顶上云雾弥漫，在头上飘浮的白云似乎伸手可接。

放眼望去，山下一览无余。极目处，是罗霄山脉的各个峰头，此起彼伏，好像整个世界都被这连绵不断的千峰万岭占据着。

黄洋界，实在是一个安营扎寨、易守难攻的好去处。

却说 1928 年 7 月初，朱德和毛泽东分别率红四军主力下山袭敌，山上守军不足一营。湘赣两省之敌以 4 个团的兵力，分两路对井冈山进行"会剿"。

罗霄山脉中段的井冈山

井冈山根据地面临着第一次大危机。8月30日下午4时左右，敌人发起了最后的总攻击，驻守在黄洋界的红军以仅有的一门迫击炮向敌人集结攻山的部队轰击。当时只有3发炮弹，不料前两发炮弹都因受潮没有打响，所幸的是，最后一发终于在敌群中炸开了。

敌人以为红军主力已经回山，连忙在当夜撤走了。

黄洋界上这唯一的一声炮响，挽救了中国革命的摇篮井冈山，使毛泽东下山前不得已而为之的"空城计"获得成功。否则，红军便将失去立足之地。

9月8日，朱、毛率红四军主力回山，听说黄洋界保卫战取得的胜利，兴奋异常。毛泽东自然涌动起诗情——

> 山下旌旗在望，山头鼓角相闻。
> 敌军围困万千重，我自岿然不动。
>
> 早已森严壁垒，更加众志成城。
> 黄洋界上炮声隆，报道敌军宵遁。

诗人写了一场他并未亲眼所见的战斗。他用《西江月》的词牌，为这首词起了一个凝重而固化的名字——"井冈山"。

卓越的诗人，他的使命，不仅仅是写境，还要造境，乃至一挥笔，就是他自己的世界。

诗人毛泽东已今非昔比，他开始营造自己独有的世界。

旌旗、鼓角、围困、壁垒、炮声、宵遁……这些描写战争的常用词汇，开始在毛泽东的诗词中出现了。

是英雄必有豪情；豪情从来成就英雄。于是，便有了"敌军围困万千重，我自岿然不动"。

在毛泽东笔下，战争不是书生们想象的场面。

笔与剑在交叠，文人与战士在凝结，诗人与军事家开始契合……

在毛泽东笔下，摹景抒情不再空泛，他的诗风转入了纪实。

后来人们说毛泽东诗词是中国革命和战争的"史诗"，无疑就是从这个时候开始的。

20 世纪 30 年代初，在上海的鲁迅，辗转读到了这首词。他对地下党员冯雪峰说："颇有山大王的气概。"

1934 年 1 月，冯雪峰来到了江西中央苏区，把鲁迅的这个评价转告了毛泽东。毛泽东听后哈哈一笑。看来是"心领"了。

这是人们知道的鲁迅对毛泽东诗词的唯一评论。

其实，黄洋界保卫战，无疑是一局险胜之棋。无论是毛泽东，还是红军官兵，都联想到了《三国演义》中的"空城计"。于是，在山上开的庆祝晚会上，官兵们编演了一出京剧，就叫《毛泽东空山计》。

戏里有这样一段唱词——

"我站在黄洋界上观山景，忽听得山下人马乱纷纷。举目抬头来观看，原来是湘赣发来的兵。……你既来就把山来进，为何山下扎大营？你莫左思右想心腹不定，我这里内无埋伏，外无救兵。你来，来，来！我准备着南瓜红米，红米南瓜，犒赏你的三军；你来，来，来！请你到井冈山上谈谈革命。"

当然，这只是戏里才有的轻松夸张。

为了宣传，为了鼓舞士气，自然是"言胜而忌败"，突出毛泽东"用兵如神"。

事实上，人们始终有一个疑问：从未学过军事的毛泽东，为何能自如地统兵打仗？

就连毛泽东那些远在上海、广州的老朋友，在国民党报纸上读到"朱毛"在井冈山上的军事活动消息，也感到惊讶，他们对这位完全是书生形象的故人如何能指挥军队纵横驰骋，一时感到难以理解。

其实，毛泽东从书生到军人，从政治家到军队统帅，虽然没有一道万里长城相隔，其间的过渡和转变却也十分不易，甚至是外人很难体会到的。

听听毛泽东上井冈山之初是怎样说的："军旅之事，未之学也。我不是武人，文人只能运笔杆子，不能动枪杆子。"

的确，一位跟随毛泽东上井冈山的老将军回忆，他只看见毛泽东挎了一次枪，从此不再摸枪。

听听毛泽东在 1964 年是怎么说的："从来没有想到自己去搞军事、去打仗。后来自己带起队伍打起仗来，上了井冈山。在井冈山先打了一个小胜仗，接着又打了两个大败仗。"

毛泽东说的"两个大败仗"，一个是 1928 年 5 月，他让随朱德上山的几千湘南暴动农军返回湘南打游击，结果一去便被敌人击溃。一个是 1928 年 8 月，红四军主力再去湘南，导致著名的"八月失败"。黄洋界保卫战的胜利，正是发生在"八月失败"之际。

毛泽东接着说："这两次失败后，我们总结经验。"
毛泽东的总结，有一副他当时撰写的对联为证——
"敌进我退，敌驻我扰，敌疲我打，敌退我追，游击战里操胜算；
大步进退，诱敌深入，集中兵力，各个击破，运动战中歼敌人。"

这是中国特色的"毛泽东兵法"。
毛泽东从书生成长为军事奇才的秘密，在于他善于总结经验教训，并且"不贰过"。
中国革命军事斗争的需要，把这位不愿带枪的文人推到了革命的"山大王"的位置，进而成为红色军队的统帅。

1936 年，毛泽东回忆起"逼上梁山"以后的军事斗争，有一个精辟的总结——

"从游击战争开始的一天起，任何一个独立的红色游击队或红军的周围，任何一个革命根据地的周围，经常遇到的是敌人的'围剿'。敌人把红军看作异物，一出现就想把它捕获。敌人总是跟着红军，而且总是把它围起来。"

所以，"十年的红军战争史，就是一部反'围剿'史"。

毛泽东的军事才能，常常在敌强我弱、"围剿"和反"围剿"的较量中得以展示。

犹如两块燧石剧烈撞击，一定会迸出炫目的火花，毛泽东的诗情才华，也常常在充满压力和张力的斗争环境中得以不可遏止地闪耀。

1929 年初，毛泽东和朱德率红军主力离开了井冈山，从此转战赣南、闽西，逐步开辟了一大片根据地，即后来的中央苏区。

卧榻之侧，岂容他人酣睡。中央苏区遭遇国民党军队一次又一次的"围剿"。

1930 年底，国民党军队集中 10 万兵力，以张辉瓒为前敌总指挥，开始对根据地分进合击。红军在江西创建根据地以来遭受的第一次规模浩大的"围剿"开始了。

大敌当前，朱德、毛泽东还是用老办法：诱敌深入。主动退回根据地腹地，搞内线作战。毛泽东派一小支部队去引诱张辉瓒，要求是"只许败，不许胜"。

这样的战法，一直把张辉瓒的部队引到了江西永丰县的龙冈。

1930 年 12 月 30 日那天，龙冈一带下起了漾漾小雨，大雾弥漫。红

军主力趁雾埋伏，歼敌先头部队一个师，活捉了张辉瓒。毛泽东后来回忆说："一人一马也没让逃掉。"据说，发现张辉瓒的时候，他正躲在灌木丛里换士兵的衣服，裤子还没有来得及换上。这条裤子后来曾专门送到第一次全国苏维埃代表大会期间的战利品展览上展出。

第一次反"围剿"就这样快捷利索地胜利结束了。

毛泽东在一首词中依然是纪实般地作了描述——

万木霜天红烂漫，天兵怒气冲霄汉。
雾满龙冈千嶂暗，齐声唤，前头捉了张辉瓒。

这首《渔家傲·反第一次大"围剿"》，还只有上阕，就已经写到把张辉瓒捉住了。

不过，南京国民党政府很快就为这首词的下阕送来了素材。

1931年2月，何应钦指挥20万人马，布成700里的弧形阵线，严密包围，步步为营，向中央苏区推进，气势汹汹。

毛泽东便有了《渔家傲·反第一次大"围剿"》的下阕——

二十万军重入赣，风烟滚滚来天半。
唤起工农千百万，同心干，不周山下红旗乱。

词向来便于抒情，而不长于记事。这首《渔家傲》却是典型的用兵纪实，语言直白，不用任何雕饰。诗人省略了繁复的战斗描写，直接写张辉瓒的被捉。

"齐声唤"，看来是先听到战士的高喊，不知怎么回事，细一听，原来是"前头捉了张辉瓒"，诗人显然是在后面指挥时听到这一捷报的。由此渲染出战士们的兴奋之情和疾速进军的行动特征。

"不周山下红旗乱"，则是 30 年后毛泽东以从容的时间和心态来咀嚼这场战争时改写出来的句子。

相传远古时期，有一个叫共工的人，敢于挑战权威，同当时的颛顼争夺帝位，不惜以自己的头颅，去碰撞不周山，结果，折绝了天柱地维，使山河改变了形貌，日月星辰也换了位置，于是，旧的秩序被破坏了，新的秩序出现了。

在毛泽东看来，共工并没有死，他是胜利的英雄。

眼前的红军，不正是以"天兵怒气冲霄汉"的英雄气概，进行着一场针对强大旧秩序的伟大挑战吗？他们也像共工那样，充满着献身精神，也充满着悲壮的诗情。

"二十万军重入赣，风烟滚滚来天半"。现代的"共工"们打的第二次反"围剿"战斗，不但胜利了，而且胜利依然是那样干脆利索。

何应钦指挥国民党军队 20 万人马"围剿"根据地时，汲取第一次"围剿""分进合击，长驱直入"的失败教训，采用"稳扎稳打，步步为营，紧缩包围"战术，从江西吉安到福建的建宁长达 700 里的战线上，从东往西布成一条弧形的阵线，向根据地步步推进。

毛泽东采用的依然是调动敌兵打伏击的老办法。红军在江西吉安的东固一带，秘密埋伏了 25 天，在 5 月 16 日那天，出其不意地对来犯之敌发起攻击，全歼敌人一个师。接着，转入反攻，由西向东横扫 700 里，16 天中打了 5 个大胜仗，歼敌 3 万余人。

毛泽东后来称这是"痛快淋漓地打破了'围剿'"。他的《渔家傲·反第二次大"围剿"》，也写得痛快淋漓——

白云山头云欲立，白云山下呼声急，枯木朽株齐努力。

枪林逼，飞将军自重霄入。

七百里驱十五日，赣水苍茫闽山碧，横扫千军如卷席。
有人泣，为营步步嗟何及！

古代写战争场景的诗人，多是一介书生。出色一点的，也多只是一员战将。

在刀光剑影中奔突的诗人毛泽东，不只是战场的亲历者，不只是一般的战场指挥者，作为一方的统帅，他常常还是整个战役的导演者、策划者。

于是他有了和古代战争诗人不同的感受——"枯木朽株齐努力"；不同的视野——"七百里驱十五日"；不同的气魄——"横扫千军如卷席"；不同的诗趣——"有人泣，为营步步嗟何及"。

这首《渔家傲》，也同前面那首一样的直白。

"枯木朽株齐努力"与"雾满龙冈千嶂暗"相呼应，有些斩木为兵的味道。

"飞将军自重霄入"则同"天兵怒气冲霄汉"相衔接，生动写出红军如神兵天降的态势。

"七百里驱十五日"则如"前头捉了张辉瓒"一样，明明白白的纪实，没有任何雕饰，却是一种酣畅淋漓的抒发。

第二次"围剿"结束不到一个星期，蒋介石便开始筹划第三次"围剿"。这一回，他决心亲自出马了。他心中显然存有一个大疑问：当年耍笔杆子的国民党中央宣传部的代理部长，哪里学来这等打仗的本事。

1931 年 6 月，蒋介石亲任总司令，率 30 万人马，采取"厚集兵力，分路围攻，长驱直入"的新战术，意在寻红军主力决战。

3 万红军主力四面受敌，可以回旋的余地仅方圆几十里。毛泽东亲率主力从敌军结合部实行穿插，竟在蒋介石的眼皮底下突破重围，然后从后面打一个措手不及。毛泽东为这一战法取了一个兵书上无法找到的名字——"钻牛角尖"。

古人说：行非常之事，得非常之功。

这一战，打得很险，也更精彩。

可毛泽东却没有写诗。

这时候，他在党内的地位发生了微妙的变化，开始受到党内"左"倾路线的排挤和打击。

谁不希望脚下的道路平坦，然而坎坷更能使意志顽强，才华横溢。

正是中国革命的艰难曲折，造就了政治家毛泽东。

正是革命战争的严酷悲壮，造就了军事家毛泽东。

也正是战争生涯的惊涛骇浪，造就了诗人毛泽东。

第六章

狂飙图

　　毛泽东一生拥有着奇情壮志，并在奇情壮志的策励下，一路前行。学生时代，他要"指点江山"！大革命时，他问"谁主沉浮"！创建苏区，他"征腐恶""缚鲲鹏"！漫漫长征，他"缚苍龙"、裁昆仑！解放战争，他"过大江""追穷寇"！胜利以后呢？他"送瘟神""换新天""驱虎豹""争朝夕"……

莎士比亚有一段名言："患难可以试验一个人的品格，非常的境遇方可显出非常的气节。……当命运的铁拳击中要害的时候，只有大智大勇的人，才能够处之泰然。"

智慧是战胜险难的钥匙，勇气是战胜险难的力量。

在险难面前，毛泽东以独具的智慧和勇气去迎接挑战。

不断经历的险难，又反过来磨炼着他的智慧和勇气。

正像一位哲人说的那样："平静的湖水练不出精悍的水手，安逸的环境造不出时代的伟人。"

1929 年初离开井冈山以后的一段岁月里，毛泽东的军旅之路，惊险危殆相继，始终是曲折连接着坎坷，希望伴随着失望。

一旦脱离了根据地，红军就十分被动，常常遭敌人伏击、穷追，连连失利。红四军军长朱德的妻子，也在转移途中被俘牺牲了。

一种前途茫然的情绪开始在部队里滋长，连毛泽东手下的爱将林彪，也发出了"红旗到底能打多久"的疑问。

远在上海的党中央，对朱毛红军的命运也悲观了起来。

1929 年 2 月，中央给红四军发出指示，让他们把红军分成小股部队，散入农村进行土地革命，同时决定，朱德和毛泽东马上"脱离部队，速来中央"。

毛泽东 4 月间才收到这封著名的"二月来信"。

战略家的判断，加上诗人的直觉和激情，使他作出了另外的选择。

毛泽东在回信中直陈中央的指示，"是一种不切实际的想法"。

他认为红军分散活动的前途只能是被敌军消灭和瓦解。

在逆境中坚持理想，在黑暗中预见光明。

早在半年前，毛泽东就预言：蒋介石和广西桂系军阀之间的战争，正在酝酿之中，军阀间的争斗，恰恰是红色政权得以生存的重要条件。

果如其所料，毛泽东的回信刚刚发出，蒋桂战争就爆发了。

红四军趁敌人在赣南闽西的兵力空虚，转战几千里，除赣南以外，又先后打下福建的永定、长汀、龙岩，在这些地方建立了红色政权。9 月间又攻占"铁打的上杭"县城，开辟了闽西革命根据地。

正在永定合溪养病的毛泽东闻讯，心境顿时好了起来。

军阀混战所带来的纷乱局势，红军打土豪、分田地带来的热闹场面，交错在他的脑海里，便有了一首《清平乐·蒋桂战争》——

> 风云突变，军阀重开战。
> 洒向人间都是怨，一枕黄粱再现。
>
> 红旗跃过汀江，直下龙岩上杭。
> 收拾金瓯一片，分田分地真忙。

上阕写天怒人怨的军阀争斗，不乏嘲讽。

下阕写红军"跃过""直下"，何等轻快。

军阀给人们带来的"怨"和红旗到处带来的分田之"忙"，不正是革命家、军事家毛泽东武装割据思想的诗意显现吗？

在鲜明的对比中，毛泽东对未来的预见越来越具体，也越来越富有诗意了。

1930年1月4日那天晚上，他住进了红军"直下龙岩上杭"的上杭县古田赖坊村一家临街小店。

在一盏马灯下，毛泽东铺开纸来，调墨挥笔，畅想着星星之火可以燎原的革命高潮——

"它是站在海岸遥望海中已经看得见桅杆尖头了的一只航船，它是立于高山之巅远看东方已见光芒四射喷薄欲出的一轮朝日，它是躁动于母腹中的快要成熟了的一个婴儿。"

这是一封写给红军将领的信，也是一首洋溢着理想主义激情的诗。

这时，太阳还没有出山，可随着一声鸡叫，天边露出了曙色。

当天下午，毛泽东就跨上了他的大白马。

红色政权，毕竟只有在马上才能开拓。

这时候，江西、福建和广东3省敌军，已调动14个团对闽西根据地进行"会剿"，其先头部队还有30里路就要抵达毛泽东的驻地古田。毛泽东率红四军第二纵队前往小池迎敌，掩护红军主力转移。

接下来，毛泽东又率部向北进军，经过福建的宁化、归化（今明溪）和清流，翻越武夷山，进入江西。历经20天的长途转战，终于在1月下旬同朱德率领的红四军主力部队在广昌会合。

1月30日这天，正好是农历正月初一，旧称元旦。在毛泽东的感觉中，令人舒心的新春气息似乎已扑面而来。他忘不了由福建入赣南一路跋涉的情景，遂写成一首《如梦令·元旦》——

宁化、清流、归化，路隘林深苔滑。
今日向何方，直指武夷山下。

山下山下，风展红旗如画。

寒冬时节，一路是陡峭崎岖、又窄又滑的山林小道。虽是艰苦异常，可走在前头的毛泽东，站在山顶极目一望，在竹木枝杈的掩映下，猎猎红旗若隐若现，旗下一队队官兵，伏身前行。

好一幅壮美的行军图。

诗人的笔，与其是写行军，不如说是在展露作者良好而舒心的感觉。全词字韵清越铿锵，节奏朗朗上口，把难以想象的险恶环境表现得如此轻松。

好一首洒脱明快的山歌。

《如梦令》是典型的短歌小令，毛泽东这一时期写的小令，别具风采，别有神韵，也别开生面。在他的笔下小令不小，体裁小而气势大。

毛泽东几乎总是在马背上指挥着红军，穿行在密林丛中，疾驰在乡间小道上。

红军反反复复的进攻、转移和撤退的行军路线，犹如一条流动的诗韵，随便截取一段，便成一幅气壮山河的图画。

在赣南汇集在一起的红军第四、五、六军声势浩大起来。他们决定集中兵力攻打吉安，红四军奉命由藤田地区经水南，准备先夺取吉水，然后向吉安进军。

行军途中，遭遇了南方罕见的风雪，毛泽东又作《减字木兰花·广昌路上》——

漫天皆白，雪里行军情更迫。
头上高山，风卷红旗过大关。

此行何去？赣江风雪迷漫处。

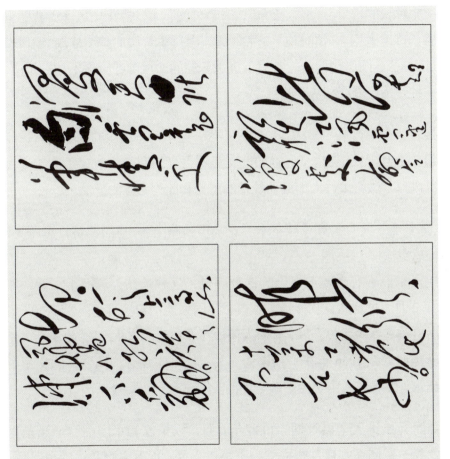

毛泽东手书《减字木兰花·广昌路上》

命令昨颁，十万工农下吉安。

写的依然是行军，又是一首小令，又是一幅壮美的行军图，又是一首洒脱明快的山歌。

一生喜欢白雪的毛泽东，第一次用诗笔写下了雪景，写下了与猎猎红旗交相辉映的雪景。"漫天皆白"，一个"漫"字，点化出风飞雪舞的强烈动感和雄浑大境。"情更迫"3字，透露出行军背后的整个战局。"风卷红旗过大关"，同唐代诗人岑参笔下沉重悲凉的"风掣红旗冻不翻"相比，更有一种开拓、舒展和从容的气度。

接着，在"行军""过关""何去"这一连串动态描写的铺垫之后，陡起一句"十万工农下吉安"，犹如一支势不可当的利箭，射穿了迷迷漫漫的千里风雪，透露出诗人那流动顺畅的感觉和此行必胜的豪情。

《如梦令·元旦》和《减字木兰花·广昌路上》，写的都是行军所见，一样地感觉愉快。

毛泽东似乎有意要把自己的这种感觉，这种情绪，流播于军营，在1930年2月间把这两首词抄给了陈毅，还同朱德一起探讨过。

两首词在红军里传开后，有的人还抄写在自己的本子上。《如梦令·元旦》就是谢觉哉1956年在一篇题为《关于红军的几首词和歌》的文章中首先披露，发表在《中学生》杂志上面。

红军开始进入全盛时期。1930年6月，以朱德为军团长、毛泽东为政委的红一军团在福建汀州成立，下辖4个军，近万名官兵。两个月后，以朱德为总司令，毛泽东为总政委的红一方面军在湖南浏阳成立，下辖林彪和彭德怀率领的两个军团，近4万名官兵。

赣西南苏区连成了一片，扩展到几十个县境。

中国革命，开始走出1927年大革命失败以来的低谷。

发展的形势，让主持中央工作的领导人脑子热了起来，以为革命的高潮果真来临了！

他们从上海发出指示，要红一军团打南昌，红三军团打长沙，然后同贺龙的红二军团和徐向前的红四军团一起去围攻武汉。

他们豪迈地把这个战略叫作"饮马长江，会师武汉"！

不是诗人的革命家们，却迷惑在了诗意的畅想之中。

毛泽东不得不执行中央的指示，去打南昌。

1930 年 7 月一个烈日炎炎的下午，他和朱德率领一军团从福建汀州出发了。

骄阳之下，毛泽东策马而行。闷热的天气，炽热的胸怀，似乎又隐约燃着一点忧虑之火。

但眼前是红军前行的壮举，胸中有会师武汉的憧憬，不管结果如何，毕竟让人振奋，让人激动。

作为统帅和诗人，毛泽东不能不油然而生一股气吞山河、壮怀激越的崇高感来。

正是在从汀州到南昌的途中，他不禁吟咏起来——

六月天兵征腐恶，万丈长缨要把鲲鹏缚。
赣水那边红一角，偏师借重黄公略。

百万工农齐踊跃，席卷江西直捣湘和鄂。
国际悲歌歌一曲，狂飙为我从天落。

这首《蝶恋花·从汀州向长沙》，写的还是进军，还是一幅壮美的行军图。和前两首小令不同的是，诗人把中央关于湘、鄂、赣 3 省的战略部署也写了进来，其意象，其比喻，其气势，更有了一种震撼力。

"万丈长缨要把鲲鹏缚",何等的奇情壮志!

人而有志和立志,是为常事。难的是一生有志,并遵志而行,永志不衰;难的是一旦立志,便志不可摧,矢志不移。

毛泽东一生拥有着奇情壮志,并在奇情壮志的策励下,一路前行。

学生时代,他要"指点江山"!

大革命时,他问"谁主沉浮"!

创建苏区,他"征腐恶""缚鲲鹏"!

漫漫长征,他"缚苍龙"、裁昆仑!

解放战争,他"过大江""追穷寇"!

胜利以后呢?他"送瘟神""换新天""驱虎豹""争朝夕"……

回到《蝶恋花·从汀州向长沙》。

"鲲鹏",这神话中的大鱼大鸟,人们习惯上用它来比喻气势宏大的正面形象,毛泽东却一反常例,用它比喻敌酋顽凶,故用万丈长缨才能把它捆住,也只有征腐恶的"天兵",才有如此气势。

在毛泽东的全部诗词正文中,提到全名的现代人物,只有两个人,一个是反第一次"围剿"时抓获的国民党中将师长张辉瓒,一个就是"偏师借重"的黄公略。黄公略当时是红一军团的第三军军长,开辟了湘赣根据地,所以说是"赣水那边红一角",使红军主力的行动有了依托。一年后,黄公略在行军途中遭敌机扫射牺牲了。

"国际悲歌歌一曲,狂飙为我从天落。"这突兀起意的两句,化自杜甫的"呜呼一歌兮歌已哀,悲风为我从天来",虽然改变了杜诗的境界,但于慷慨激昂之中,仍见悲怆。

对攻南昌打长沙的"诗意"构想,毛泽东或许有难言的隐忧情愫。这多少会影响他在行军路上的感觉。

红军官兵唱着悲壮的《国际歌》，伴随着这特殊的歌声，突然龙卷风从天而降，弥漫四周，仿佛昭示人们，这将是一场惊天地、泣鬼神却又前途未卜的战争。诗人的心情突然从"席卷""直捣"的豪迈，转向了沉郁、悲怆一路。

卓越的革命家，似乎应该具有诗人那种难以遏止的想象和激情。

想象能穿透历史的风云，能描绘具有魅力的未来。激情能把千千万万的人民鼓动起来，导引他们踏着荆棘勇敢地奋进。

然而，打仗毕竟比不得作诗。

没有理性的想象和激情，常常成为蔓延无度的野火，烧了别人，也会毁了自己。这种现象在历史中不乏其例。

奉命"席卷江西直捣湘和鄂"的红一军团，在 7 月 30 日那天抵达和南昌仅一江之隔的新建县。守敌果然太强，明显打不下来。

毛泽东做出了一个十分聪明的决策，只让一小部红军朝南昌城里打了几枪，说是纪念 3 年前的八一南昌起义，然后便撤走了部队。

这就是毛泽东，既把作诗和打仗融为一体，又把两件事恰当分开。有诗人的想象与激情，又有政治家的深谋与沉稳。

第七章

战场看
人生

晨曦总在诱惑旭日，星星总在诱惑黎明，山谷总在诱惑春风。对坚韧忠诚、奋斗不息的毛泽东来说，中国革命事业对他的诱惑，是那样地强烈，那样地不可遏止。就像大海诱惑江河，就像蓝天诱惑雄鹰，就像原野诱惑骏马。于是，便有了"战地黄花"的人生观，有了"雨后斜阳"的审美观，有了一种革命家的新的战争哲学和战争美学。

生活的目标应该有比生活更美好的东西。

战争的目的也应该有比战争更深刻的东西。

如果不投入到比自身更伟大的事业当中，人们很难看到或参透生命的意义。

如果不注意挖掘战争背后的正义和理想，人们很难感受到革命战争背后的美丽。

毛泽东看到了，感受到了。

他以革命家的见识，勾画着正义战争的理想。

他以诗人的眼光，描绘出战场景致的美丽。

他还以哲学家的头脑，在自己的诗词里对战场人生作了独到的思考。

古希腊思想大师亚里士多德说过：诗是一切文章中最富有哲学意味的。

作为诗人，毛泽东是一位哲学家诗人。作为哲学家，毛泽东是一位诗人哲学家。

他常常在诗词里写下自己的哲学，传达自己的思考。

毛泽东是曾经沧海的人。

就像打仗总会有进有退一样，在创建中央苏区的行程中，他在党内的地位也是几经沉浮。

毛泽东的沉浮，与他的性格不无关系。

丘吉尔说过一句名言："如果你不能把彼此间的不同之处明白地表达出来，语言还有什么用处呢？"

毛泽东从来喜欢旗帜鲜明地表达自己的主张。他敢作敢为，不是一个遇事模棱两可的温吞的人。

1929 年 6 月间，红四军第三次打下福建西部的龙岩，接着在城里的公民小学召开红四军党的第七次代表大会。这天，对毛泽东来说，肯定是痛苦的。他的红四军前敌委员会书记一职被选掉了。因为他提出红军总是流动作战，难成大气候，太像古代农民起义军黄巢、李自成们的做法，应该加强前委的领导作用，纠正这些不好的倾向。其他同志则觉得毛泽东有个人英雄主义和家长制领导作风。

毛泽东大病一场，患的是当时很难治愈的疟疾。

但思想上的打击似乎更为沉重。他第一次离开了自己亲手创建的红军，先后到上杭一带的蛟洋、苏家坡和永定的牛牯扑养病去了。

他过着隐居般的田园生活。在老乡家里，他不能公开自己的身份，化名"杨先生"，一度还住在远离村子的一座山洞里。

外界没有了毛泽东的消息。他仿佛在红军中消失了。

这年 9 月 27 日，上海《申报》在第四版登载国民党将领张贞发自福建的电报："毛泽东在龙岩病故。"10 月 21 日，该报又据来自汕头的电报，称"毛泽东在上月（9 月）暴死"。

远在莫斯科的共产国际，看到这些消息，信以为真，在《国际新闻通讯》上发了一则 1000 多字的《讣告》，沉痛宣布——

"中国共产党的奠基者，中国游击队的创立者和中国红军的缔造者之一的毛泽东同志，因长期患肺结核而在福建前线逝世。毛泽东同志是大地

主和大资产阶级最害怕的仇敌。……这是中国共产党、中国红军和中国革命事业的重大损失。当然，毫无疑问，敌人会因此而感到高兴。"

《讣告》还说："作为国际社会的一名布尔什维克，作为中国共产党的坚强战士，毛泽东同志完成了他的历史使命。"

与此同时，中国还有一个不凡的人物，以特别的方式悼念起毛泽东。

民国元老、词坛领袖柳亚子写了这样一首诗——

"神烈峰头墓草青，湖南赤帜正纵横。人间毁誉原休问，并世支那两列宁。"

柳先生特意在诗末注明："两列宁，孙中山先生和毛泽东同志。"

这是毛泽东第一次被别人写进诗里。

柳先生不知道的是，他写诗悼念毛泽东的时候，毛泽东也在写诗，写一首战场人生的诗。

1929年10月10日，人们用担架抬着毛泽东离开永定合溪。一路上，秋高气爽，山峦竞秀，黄菊遍野，溪流潺潺。傍晚时分，来到上杭，住在城南汀江岸边的一座临江小楼上面。

第二天，就是农历九月九日重阳节。人们常常在这一天登高，赏菊，插茱萸，放风筝。

这时的毛泽东，也是格外地轻松，时常凭楼远眺这江天寥廓的远山近水。

江岸码头旁的千年古榕，使人想起人世的沧桑。

缓缓逝去的汀江流水，则让人想起岁月的飘逝。

临江楼庭院内盛开的簇簇黄菊，更唤起复杂的人生感慨。

触景生情的毛泽东，禁不住回首往事——

从领导秋收起义以来，才只有两年的时间，但这是怎样的两年啊。

这样的经历，正像鲁迅说的那样，可以抵得上太平盛世一个普通百姓一辈子的生活。

那些令人不快的事情，一一掠过诗人毛泽东的脑海。

秋收暴动，中央责怪他没有坚持攻打长沙，撤了他的政治局候补委员之职，传到井冈山，说成是开除了他的党籍，一度不能过组织生活。离开井冈山后，红四军"七大"又落选，失去前委书记之职。

往事历历，前局未定，移情于景的毛泽东喟然长叹——

人生易老天难老，岁岁重阳。
今又重阳，但看黄花不用伤。

一年一度秋风劲，不似春光。
胜似春光，寥廓江天万里霜。

毛泽东为这首词取名为《采桑子·重阳》。

古代诗人在重阳节这天，常常是吟咏生命，怀念故乡，移情老人。

毛泽东显然联想到了这些。但他的人生感受，却格外地透露着远非闲病之人所能达到的乐观和高昂。

他把人们引到一个革命家和战士的新的感伤世界。他把秋日菊花勾起的感伤和寂寞，投射到对开阔的大自然的凝视之中，心情显然又归于明朗。

上阕写情，从"老"起笔，在岁岁重阳的生命流逝中，诗人抛却了古人"悲落叶于劲秋"的凄绝感伤。

下阕写景，秋风一年比一年吹得揪心，诗人却从中体会到春天的生命状态。

自从有了战争，就有了关于战争的诗篇。

或是对战争惨烈的指控，或是对战死沙场的悲歌，或是对怀人思妇的

毛泽东手书《采桑子·重阳》

泣诉，或是对征夫远戍的倾吐。

毛泽东没有这样。

在 1962 年发表这首词的时候，他把上阕末句"但看黄花不用伤"，改为了"战地黄花分外香"。本来就比较明朗的心境，更充满自信，传达出"战地人生分外美"的深情礼赞。

战地人生之美，是因为正义的战争犹如促进人性进步和高扬的狂飙，狂风扫过，会荡涤所有的萎靡、自私、怯懦和慵懒之气，使生命展示出罕见的智慧和激情，爆发出强劲的力量和精神。

这一深情礼赞，与唐代边塞诗人王昌龄的那一声沉痛感叹——"战罢沙场月色寒"，形成了强烈而有趣的反差。

一个在战地凭"月色"伤怀，一个在战地赏灿然"黄花"。

后者的真风流、大诗思陡然凸现。

一花一月。"春花秋月何时了"。

多少诗人写过花前月下，多少诗人写过花间儿女。

绮词丽语奔眼来，多是些悲欢佳话。

一朝风雨花憔悴，吹落它雪月风花。

诗人毛泽东在戎马生涯中，别具一格地写下了香飘四溢的战地黄花。

毛泽东为什么能写出"战地黄花分外香"这样的句子？

没有无"思"之诗。诗歌总需要智慧哲思之光的照耀。

毛泽东是一位吐故纳新的哲学家。

诗人与哲学家的合一，诗与思的凝聚，在毛泽东这首战场诗中得以充分地展示。犹如情感在人性的天空中尽兴地飞扬，毛泽东的哲思也常常在他的诗词的王国里自由地翱翔。

伟大的诗人必定有深邃的哲思，否则也只是一个吟花咏月的诗匠。

不久，毛泽东重新回到了红军的领导岗位。他又跨上他的那匹大白马开始四处征战了。

共产国际的《讣告》说，毛泽东完成了自己的历史使命。殊不知，历史赋予他的使命远远还没有完成。

柳亚子也知道了毛泽东的死讯是个误传，知道了他正在江西苏区搞得轰轰烈烈，禁不住重又高唱起来——

"十万大军凭掌握，登坛旗鼓看毛郎。"

两年后，毛泽东又一次遭遇了人生的沉浮。这一次，却是遭遇中央"左"倾路线的打击。

1931 年秋天，领导红军取得第三次反"围剿"胜利的毛泽东回到了瑞金。但中央决策层似乎并没有为这位凯旋的将军感到特别地骄傲。

在第一次中华苏维埃全国代表大会上，毛泽东被选为中央政府主席兼人民委员会主席，用今天的话来说，就是国家主席兼总理。从此，人们叫

1931 年 11 月，中央苏区中央局成员合影。左起：顾作霖、任弼时、朱德、邓发、项英、毛泽东、王稼祥

他"毛主席"。

可"毛主席"此刻的心里并不好受。因为他不得不交出红一方面军总政委的实权。在军事斗争压倒一切的形势下，国家主席和政府总理只不过是后方的一个闲差。

毛泽东又病了一场。

耳边很久没有听到枪声了。

他的那匹大白马，1929年攻打长汀时从敌军师长郭凤鸣胯下夺来的坐骑，也很久没有在战场上奋蹄驰骋了。它似乎和它的主人一样，渴望着硝烟弥漫的地方。

虽然时常听见大白马仰起长颈嘶鸣，可毛泽东的诗笔还是停了两年。

直到1933年夏季的一天。

1933年6月，毛泽东骑着他的大白马从瑞金沙州坝赶到宁都，参加由博古主持的苏区中央局会议。这就是有名的第二次宁都会议。在这次会议上，毛泽东对自己受到的不公正的批评提出申辩，但遭到的是更严厉的批评。

重返前线领兵打仗的愿望，再一次成为泡影。

心情沉重的毛泽东骑着马，踏上从宁都回到瑞金的归程。

归途中，突然下起一阵暴雨。他在离瑞金60里的一个叫大柏地的村镇停了下来。

大柏地，这里太熟悉了。突然，毛泽东的目光盯在了村旁一处农舍的墙壁上面。几个被子弹击出的小坑，展露在一抹夕阳的金光里，格外地刺眼。

战争，那逝去了的战争，真像是不速之客，来叩打他本已无法平息的心扉，陡然间撞开激动人心的回忆闸门。

4 年前，也就是 1929 年的大年初一，正是在大柏地，红四军打了一场离开井冈山后的第一个胜仗。

当时，他们被敌军两个旅追了一路，红军且战且走，来到瑞金和宁都之间的大柏地。这里山峦起伏，有一条峡谷，中间是通往宁都的路，两边的山被称为关山，长满参天大树。

毛泽东在这里布下口袋阵，引敌上钩，来一个漂亮的伏击战，活捉了敌军两个团长。接着顺势北上，第一次占领宁都。

凭吊旧战场，毛泽东如何不百般感慨。

刚过的阵雨似乎洗去了积年的尘污，把昨日的战场冲刷得更加清晰。飞动的彩虹又陡增装点，似乎把眼下的沉闷境遇照映得明艳起来。

于是，一首《菩萨蛮·大柏地》在胸中酝酿——

> 赤橙黄绿青蓝紫，谁持彩练当空舞？
> 雨后复斜阳，关山阵阵苍。
>
> 当年鏖战急，弹洞前村壁。
> 装点此关山，今朝更好看。

按古人作诗的逻辑，凭吊昔日战场，通常会借机倾泻自己在现实中的不平境遇，进而归于"把栏杆拍遍，无人会，登临意"的无奈惆怅。

毛泽东没有这样。

他用自己的诗心激活了天空的五颜六色，赋予彩虹生命。起笔造势，出手不凡。

晚唐花间派词人温庭筠也曾用《菩萨蛮》词牌，写过雨后黄昏的景致，那是"雨后却斜阳，杏花零落香"的低唱。

毛泽东的"雨后复斜阳"，虽然化自温词，可接下来的"关山阵阵苍"，顿使境界大别。

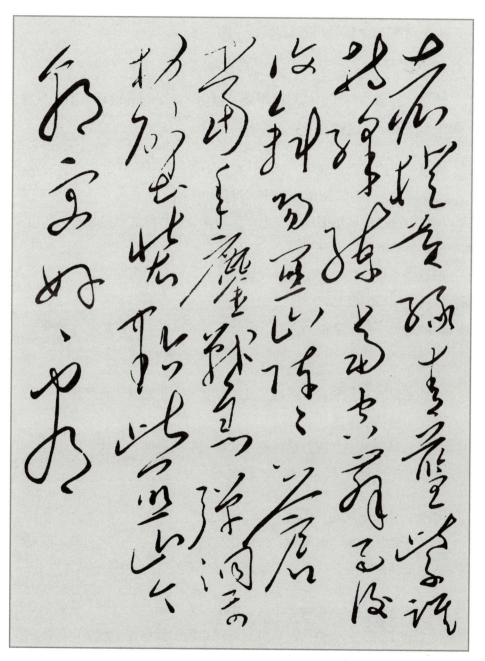

毛泽东手书《菩萨蛮·大柏地》

一个写零落的花香，难免是孤情绵意。

一个写茫茫的山阵，依旧属沉雄一路。

战争留下的弹洞陈迹，无意间成为红军胜利的见证。

昨日的战争，与其说给村落带来了创伤，不如说它破坏了旧的世界，分娩出新的景象，这就是中华苏维埃共和国。

战争结果的不同，战场旧址的感觉也不同。

战争观念的不同，对战争的审美旨趣也不同。

鲜血铺洒过的战场旧迹，在毛泽东的内心世界鲜活明艳起来，江山变得更加妖娆动人了。

旧战场不再是李白笔下的"野战格斗死，败马号鸣向天悲。乌鸢啄人肠，衔飞上挂枯树枝"。

旧战场也不再是李华笔下的"魂魄结兮天沉沉，鬼神聚兮云幂幂"。

毛泽东是在凭吊旧战场吗？是的。

可这里没有荒芜的凋敝破败，没有唏嘘的人生感慨。既然是凭吊，总该有些现实情绪的渗透。

毛泽东后来曾说，这首词体现了"郁闷"的心情，可读者在这首词里却又难以找出这种情绪。

那么，毛泽东说的"郁闷"之处何在？

对一个如周恩来当时所说"兴趣在打仗"的诗人，在只有靠旧战场来抒发人生豪情的时候，这本身不就是一种"郁闷"、一种凭吊吗？！

写完《菩萨蛮·大柏地》不久，中央"左"倾路线领导人依赖的洋顾问李德来到了苏区。他把自己当时对毛泽东的印象写进了后来出版的回忆录里。

他说：毛泽东"给我最初的印象，与其说是政治家和军人，不如说是一个思想家和诗人。在很少的几个庆祝会上，我们见面时很随便。在这种场合，他总是保持一种威严而谨慎的态度……在谈话中插进一些格言，这些格言听起来好像是无关紧要的，但总有一定的含义"。

一向话锋尖锐的毛泽东，在高层接触中如此"谨慎"，不正是"郁闷"的表示吗？

然而，就像我们在不断延伸的历史故事里看到的那样，遭遇挫折的环境，有时是天才的坟墓，有时却是伟人向上攀登的阶梯。

有足够心理准备的毛泽东，从来不把人生的道路想象成一马平川。

晨曦总在诱惑旭日，星星总在诱惑黎明，山谷总在诱惑春风。

对坚韧忠诚、奋斗不息的毛泽东来说，中国革命事业对他的诱惑，是那样地强烈，那样地不可遏止。

就像大海诱惑江河，就像蓝天诱惑雄鹰，就像原野诱惑骏马。

于是，便有了"战地黄花"的人生观，有了"雨后斜阳"的审美观，有了一种革命家的新的战争哲学和战争美学。

第八章

悲壮的
一跃

正是"东方欲晓，莫道君行早"
这种突破时间束缚的态度，才赢得
了青春不老的人生风采——"踏遍
青山人未老"。有了超越时间、催
人奋进的人生观，世界才显得如此
地多彩而美丽。在诗人的感觉中，
才有眼前"独好"的风景，以及
"更加郁郁葱葱"的未来。

第一次世界大战的时候，英国的外交大臣爱德华·格雷爵士，曾这样评价先后担任海军大臣和军需大臣的丘吉尔："内阁中任何只需要进行纯粹思想活动的角色，都将使丘吉尔变得无能为力，除非他任首相。"

丘吉尔的能量和驱动力，使他在处于附属位置时，会使一些上级和同事疏远他。

中央苏区时的毛泽东，似乎也有相似的尴尬处境。

1934 年五六月间，中华苏维埃政府土地部长高自立到莫斯科时，博古让他转告中共驻共产国际代表团团长王明：毛泽东"大事有错，小事没有错"，毛泽东和周恩来都"想到苏联养病"。

不料王明听后，似乎也不愿毛泽东来莫斯科，他说："泽东能抓得大事""这大的人物来，谁保险？"于是回电国内："苏区离不开毛泽东。"

毛泽东就是这样一个人。即使最严厉的批评者和打击者，也不能不承认他能力非凡。

中央苏区离不开"能抓得大事"的毛泽东。

但中央最高决策者却并没有让他去抓大事。

当毛泽东在中央决策层失去发言权的时候，中央苏区的第五次反"围剿"战斗打得越来越苦。

1934 年 4 月，广昌失守，苏区的南大门陡然洞开在了敌人面前。

红色政权的命运危在旦夕。

这时的毛泽东，正在瑞金南面的会昌县文武坝养病，同时兼做一些巡视工作。广昌之败，毛泽东无可奈何。此前他曾接连 3 次向中央献退敌之策，但遭遇却像辛弃疾说的那样："却将万字平戎策，换得东家种树书。"

1944 年，美国记者斯坦因采访毛泽东时，提出了这样一个问题："你有没有处于少数方面而自己的想法不能实现的时候？"

毛泽东回答说："我曾经是在少数方面，在这个时候，我唯一应该做的事情就是等待。"

1934 年夏天的毛泽东，便是在等待。

等待的方式，就是去登山。

会昌东连福建，南接广东。县城西北有一处高峰叫岚山岭。1934 年 7 月 23 日这天清晨，毛泽东踏着朝露登上了这座高峰，俯瞰被曙色笼罩的会昌城景。

往东极目远眺，起伏绵延的群山，似乎一直连接着福建那边的东海。向南挥手指看，应该是草木葱茏的南粤风光。

一派让人感慨万分的大好河山，就这样涌进了毛泽东那精骛八极、视通万里的胸怀——

东方欲晓，莫道君行早。
踏遍青山人未老，风景这边独好。

会昌城外高峰，颠连直接东溟。
战士指看南粤，更加郁郁葱葱。

这首《清平乐·会昌》，既是对人生进取精神的高扬感慨，也是对革命根据地的热情礼赞。

清平乐

东方欲晓，莫道君行早。踏遍
青山人未老，风景这边独好。

会昌城外高峰，颠连直接东溟。
战士指看南粤，更加郁郁葱葱。

毛泽东手书《清平乐·会昌》

赋闲等待的毛泽东，虽然没有消泯同中央决策层在识见上的歧异，但他乐观地承受了自己的命运并与之融合，进而主动地向可能世界追寻和挺进。

这里没有悲患，却很坚实；没有悲壮，却也执着；没有痛苦，或干脆无暇顾及痛苦。

诗人关注的是人生和革命事业的塑造。

最能体现人生观的，大概要算对时空问题的思考了。

于是，我们在《清平乐·会昌》里读到了诗人不断超越光阴流逝的进取精神和打破时间限阈的奔突状态。

正是"东方欲晓，莫道君行早"这种突破时间束缚的态度，才赢得了青春不老的人生风采——"踏遍青山人未老"。

有了超越时间、催人奋进的人生观，世界才显得如此地多彩而美丽。在诗人的感觉中，才有眼前"独好"的风景，以及"更加郁郁葱葱"的未来。

但若干年后，毛泽东依然说，写这首词时，"形势危急，准备长征，心情又是郁闷的"。但是，读者在词里依然不大能感受到"郁闷"的气氛。

他"郁闷"在何处呢？

郁闷在"独好"的"独"字？

有人解释说，"风景这边独好"，是指毛泽东在会昌期间利用他在红军中的影响，指导红二十二师打了一些胜仗。

郁闷在"莫道君行早"的"君"字？

"君"指何人，诸家有不同理解。20 世纪 60 年代因为要翻译成外文，袁水拍、叶君健等人便去问毛泽东。毛泽东解释说，这个"君"是指作者自己，而不是别人。

1934 年，毛泽东和警卫员在瑞金。左二起：吴光荣、陈昌奉、戴田福

作为早行人的"君"，大概心里是孤独寂寞的吧。

"郁闷"还在于那字面背后没有言传的形势。

就在毛泽东在会昌登山那天，中央做出了一个重要决定：命令湘赣根据地的任弼时、萧克、王震率红六军团西征。这无疑是为中央红军的撤退远行作探路准备。

几天之后，中央电令毛泽东赶回瑞金。

这时，中央机关已经搬到瑞金西面的云石山。

山顶有一座古庙，大门两侧镌刻有一副对联："云山日永常如昼，古寺云深不老春。"

毛泽东被安排在左厢房住了下来，闲时便坐在一棵大樟树下的青石凳上读书。

寺院的右厢房住的是张闻天。张闻天原本同博古的关系很密切，可渐渐地，由于在一些问题上同博古他们发生分歧，便被排除在了决策层之外，眼下也是多半赋闲。

危险的时局成了他们的共同话题。在交谈中，毛泽东知道了更多的中央决策内情，张闻天则更多地了解到毛泽东的想法，并且表示赞同。

一批批伤员从前线抬回来。敌人已经打到了家门口。

与此同时，一个关系毛泽东命运的计划开始实施了。

以博古、李德为首的中央最高决策层，在决定撤出中央苏区的时候，开始打算让毛泽东留在苏区。后来不知怎么想到毛泽东毕竟还是中华苏维埃共和国的中央政府主席兼人民委员会主席，在红军中又有威望，便决定还是带他一道走吧。

这一念之变，决定了毛泽东的命运。且不说当时留在中央苏区的领导人中，瞿秋白、何叔衡牺牲了，活下来的著名人物也就只有项英、陈毅、谭震林。把毛泽东留在苏区，即使生存下来，也至多是偏居江南的领导人。

这一念之变，也多少促进了中央红军的命运转变。没有毛泽东的长征，是否有遵义会议的及时转折，是否有四渡赤水的用兵奇迹？是否有同红四方面军的合而又分，分而又合？

历史确实不能假设，但又不能不让人惊心动魄地深思。

1934年10月18日傍晚，患病的毛泽东被人抬在担架上，渡过了被深红似血的夕阳涂抹的于都河。

他告别了存在3年的中华苏维埃共和国，踏上了凶险难测的长征途程。

当他回头深情地望着被渐临的夜幕掩盖的山影，只感慨地说了一句："从现在起，我们就离开苏区了。"

伴着战马的嘶鸣，萧瑟的秋风送来身后依依不舍的苏区人民的歌声——

"九送红军上高山，一阵北风一阵寒。

问一声啊红军哥，几时人马再回还？"

西去的红军将走向哪里呢？

那一路，即使没有亲历的人，也可以想象是多么地壮烈。

才走了一个多月，到 12 月 1 日渡过湘江时，近 10 万红军只剩下 3 万多人了。

湘江之战，中央红军损失过半。

漂流在江面上的尸体似乎在发出某种悲壮的控诉。

一江鲜血给幸存者带来空前的震撼。

中国共产党的理想航船，驶进了最为狭窄的航道。

它等待着人们去跨越。

中国工农红军的历史，翻开了最为沉重的一页。它等待着人们去重新书写。

仗还能这样打下去吗？红军还能这样走下去吗？

中央决策层的根基摇晃起来。

担架上的毛泽东开始和张闻天、王稼祥讨论并提出：要讨论失败的原因！

这当然不是只在担架上讨论。最终的政治舞台在中央会议上。

面对接连失败的巨大压力，面对红军官兵的强烈呼吁，中央允许政治局委员毛泽东重返中央决策层的会议。

1935 年 1 月 9 日，毛泽东来到了贵州遵义城。据说那天他是骑着一匹大白马进城的。

随后举行的遵义会议清算了"左"倾军事错误。毛泽东成为政治局常委，进入领导核心，协助周恩来负责军事指挥。

复出的毛泽东，开始真正地抓起大事，写出了他军事生涯中最为得意的一笔。

这一笔，写在流经云、贵、川 3 省汇入长江的赤水河畔。

刚刚开过遵义会议的 3 万红军渡赤水北上，被蒋介石调集的大军阻挡。毛泽东避实就虚，先南下后东进，二渡赤水，再占遵义，一下子打乱了蒋介石的军事部署。随后，为调开挡路的滇军孙渡，红军又三渡赤水，做出北渡长江的态势。蒋介石急忙调主力追击，红军却虚晃一枪，从川南折回贵州，四渡赤水，军锋直逼蒋介石坐镇的贵阳，使他不得不急调滇军前来救驾。

宋代抗金名将岳飞，曾说自己打仗是"运用之妙，存乎一心"。

毛泽东认为这句话"是聪明的指挥员出的产品"。

他的体会是：这个"妙"，就是灵活性，是聪明的指挥员基于客观情况，"审时度势"而采取及时的和恰当的处置方法的一种才能，即是所谓"运用之妙"。基于这种运用之妙，就能转变敌我优劣形势，就能实现我对于敌的主动权。

用兵的神奇之处，大概只有运筹帷幄的人能够体会。

四渡赤水，红军官兵不知跑了多少路，以至在前线领兵的红一军团的军团长林彪也受不住了，向中央发电埋怨，要求撤换毛泽东的指挥。

毛泽东后来只说了一句：你还是个娃娃，懂得什么。

用兵的神奇之处，大概只有靠获得的神奇之功来证明。

四渡赤水后，北上的道路就此打通，几十万敌军被甩在了川南。中央红军终于摆脱了长征以来遭受围追堵截的局面。

如果说毛泽东是一架人力发电机，眼前的事实不能不让人体会到，当他处于中心转动的时候，其能量同他处于外围嗡嗡作响的时候，是多么地不同。

正是在二渡赤水、再占遵义的途中，毛泽东同时还写下他诗词创作中"颇为得意"的一首作品。

这就是《忆秦娥·娄山关》。

　　娄山关，坐落在遵义城北娄山的最高峰上面。

　　这里山高岭大，如今公路上却是车来车往，很少有人旁骛。离此不远有一个大溶洞，是游客们览胜的好去处。零星的游客如果顺便光顾一眼娄山关，也大都扫兴而去。只有镌刻着"娄山关"几个大字的石碑，不避寒暑沉默地竖在这里，凝视着偶尔专程来此凭吊的后人。

　　历史真的被冷落了吗？

　　是80多年的风霜湮没了毛泽东曾经在这里留下的诗韵风情，还是沧桑巨变消逝了红军官兵们当年在这里冒着炮火硝烟奋勇冲杀的身影？

　　当年，袭取娄山关一战，维系着中央红军的生死命脉。

　　红军是拂晓时分开始向这座防守遵义的天险要冲进发的。战斗打响后，经过反复的冲锋，来往的肉搏，一直到傍晚，才把敌人完全击溃，占领了娄山关关口。

　　在毛泽东登上这道雄关的途中，迎面碰上抬下来的一个被打断一条腿的伤员。毛泽东问他叫什么名字，回答说叫钟赤兵，是红三军团的一个团长。很多年后，毛泽东还谈起这个细节。

　　登上山顶，太阳还没有落山。战场也还没有打扫干净，残留的硝烟似乎还轻抚着山坡上的血迹。

　　毛泽东走近在野草丛中竖着的这块石刻前，专门把上面的"娄山关"3个字指给身边的人看。

　　跨上娄山关的毛泽东，心情依然沉重——

　　　西风烈，长空雁叫霜晨月。
　　　霜晨月，马蹄声碎，喇叭声咽。

　　　雄关漫道真如铁，而今迈步从头越。
　　　从头越，苍山如海，残阳如血。

《忆秦娥·娄山关》，是毛泽东在沉寂3年重掌兵权后写的第一首作品。

写战前的凝重、战后的悲壮，在古来战争诗中都是少见的杰作。

为这首词，毛泽东后来专门作注说，此词的写作大背景是："万里长征，千回百转，顺利少于困难不知多少倍，心情是沉郁的。"

难怪，这首词给人的感受是如此地苍凉和凝重。

因为战争本来就是在特别紧张和压抑的心理情绪中开始的。

没有光昌流丽的色彩。若明若暗的晨月，仿佛已被浓霜给封冻起来，在罕见的凝重气氛中，给人一种引而不发的情绪积累。灰蒙蒙的长空中偶尔传来一声雁叫，似乎带来一种殊死搏斗前的威慑和震撼。

没有嘹亮洪大的声音。"马蹄声碎，喇叭声咽"。马不是在狂奔，而是走着又急又细的步子。军号也不敢吹得太响，只能压得像哽咽的喉咙发出的哑声，仿佛是某种巨大的即将炸裂的东西被使劲地捂住了。

依然是殊死搏斗前的压抑和沉闷。

长风掠去烽烟。

夕阳立马高山。

战斗结束了。晚霞抹红了无尽的天空、绵延的群山，也斜照在诗人的身上，他身上的灰色军装透出淡淡的橘黄。

《忆秦娥·娄山关》下阕的描绘，视野放得开阔起来，但依然是在雄浑中透出沉郁和悲壮。

这里没有战斗胜利后的喜悦，全词甚至没有一字写胜利本身。

重领兵权的毛泽东，感觉到的是"雄关漫道真如铁"。这是只有悲壮战后的统帅才有的特殊感觉。这也是对未来征程的一种并不轻松的感觉——

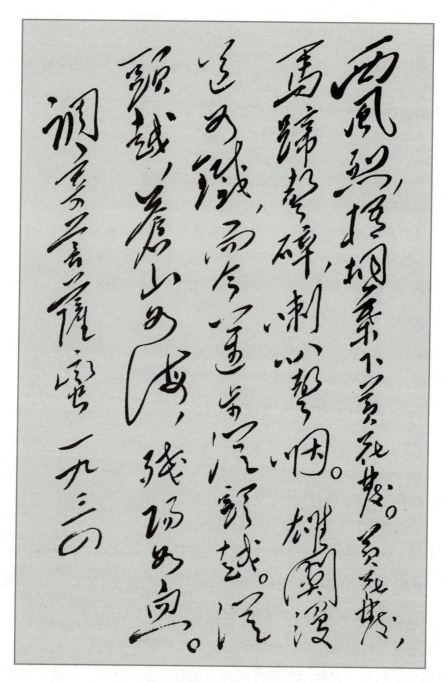

毛泽东手书《忆秦娥·娄山关》

前进途中还不知要越过多少雄关漫道，迎接多少悲壮的挑战。

所以，毛泽东说他写这首词时，心情是"沉郁"的，尽管娄山关一战是在他的指挥下，红军长征以来打的第一个胜仗。

这就是毛泽东不同于单纯诗人的地方。

只有那些纯粹的诗人，才会把领兵打仗看得易如反掌。

比如，"诗仙"李白，你看他说起历史上的战争，是何等轻快："东下齐城七十二，指挥楚汉如旋蓬。"安史之乱时，突然奉诏，甚至高唱："仰天大笑出门去""为君笑谈尽胡沙"。

战争的胜败，仿佛真的是袖里乾坤一般。

伫立娄山关的毛泽东却深深地体会到，对自己的复出和这场战斗的胜利，还不是庆贺的时候。

尽管从"会昌城外高峰"到娄山峰上的漫道雄关，毛泽东的人生难关和中国红军的命运险关，都实现了历史性的跨越，但这是一段多么悲壮的行程啊。

历史更需要"从头越"。往前看，依然是"苍山如海，残阳如血"。

这里没有"一览众山小"的灵透豪迈，只是茫茫的山海和血红般的落日。

山海茫茫，茫茫谓之浩阔。浩阔征程且看"路遥知马力"。

落照殷殷，殷殷谓之悲壮。悲壮革命应是"疾风知劲草"。

面对未来，诗人的感受，竟如此深邃而又遥远。

面对未来，诗人的联想，竟如此沉着而又回环。

第九章

青山作证

山，几乎成了红军官兵生活的一部分，成了红军官兵最亲密的朋友和最实在的敌人，成了中国革命事业的一部分，也成了诗人毛泽东的灵感源泉。

1949 年底，毛泽东第一次访问苏联。

在同斯大林会谈时，他说起中国红军艰苦奋战的情形，使用了一句中国成语："不畏艰险，视死如归。"

翻译不解其意。毛泽东补充说："就是藐视一切困难和痛苦，像看待自己回到原来状态一样看待死亡。"

斯大林似乎是听懂了，他小声对翻译费德林说："看来，这是一位天才的统帅，表现出了大无畏精神和雄才大略。"

在西方人的眼里，长征中的毛泽东是一种什么样的形象呢？

熟读《圣经》的西方传记作家说，他很像《圣经》记载的那位"摩西"。

摩西，古代以色列人的领袖和先知。他奉上帝之命去埃及带领希伯来人脱离奴隶之境，法老却给他设置了数不尽的障碍。他带领人们一路与敌人作战，在漫漫旷野上跋涉，走向上帝耶和华给他们指定的地方——迦南。于是，在后人的想象中，摩西成为带领人们脱离苦海，走向幸福和光明的人。

二万五千里的长征，很有些像一部划时代的"神话故事"。

在这一点上，东方中国的毛泽东和他的战友们，确有些像摩西。他们率领红军走向中国的"迦南"——延安途中，遭遇的困难和挫折，一点也不比摩西少。

所不同的是，中国的"摩西"，没有上帝的庇护，他们所依靠的，仅仅是自己的信念和意志，还有让整个世界惊叹的生命力。

更不同的是，中国的"摩西"还在长征途中写诗。

长征中的毛泽东，最真实的形象是什么？

如果还是借用西方人的观察，他是一位目光敏锐的诗人，同时又是一位带着农民的精明和将军的风度细心研究地图的战略家。

这位战略家手中的地图，画满符号的地名，似乎总是山。

在中外历史上，带领一个政党、一支衣衫褴褛的军队，在敌人的围追堵截中，生死攸关地在崇山峻岭穿行的诗人和战略家，是异常罕见的。

1934 年 10 月从江西出发以来，一路上，总是山连着山，一山更比一山高，一山更比一山雄，一山更比一山险。

山，几乎成了红军官兵生活的一部分，成了红军官兵最亲密的朋友和最实在的敌人，成了中国革命事业的一部分，也成了诗人毛泽东的灵感源泉——

山，快马加鞭未下鞍。惊回首，离天三尺三。

山，倒海翻江卷巨澜。奔腾急，万马战犹酣。

山，刺破青天锷未残。天欲堕，赖以拄其间。

这 3 首以"山"为题的《十六字令》，不是具体地写哪一座山，是一种虚写，写诗人在长征中对各种各样、各姿各态的山的总体感觉。

诗人感觉到山的高耸。剽悍神速地打马越过之后，回头一看，才发现这座山离天才有那么一点点距离。

诗人感觉到山的壮阔。在对山的一种横视中，仿佛连绵起伏的巨浪奔马。这不正是对"苍山如海"的一个形象注脚吗？

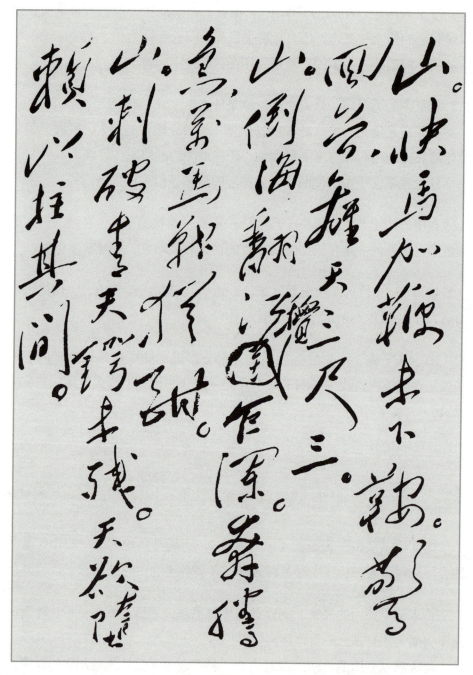

毛泽东手书《十六字令三首》

诗人感觉到山的陡峭。陡峭不是一般地高，而是险挺，是尖锐，尖锐得像利剑一样刺破了青天。

追日月，"马作的卢飞快"。

射天狼，"弓如霹雳弦惊"。

无论是高耸、壮阔还是陡峭，都是诗人在马背上飞驰获得的感觉。

通篇未写一人，但处处皆人。不正是红军勇往直前的精神，成为中国革命赖以支撑的擎天巨柱吗？

山，成了跳动的火焰，成了离弦的响箭，成了奔涌的狂澜。

一路上，毛泽东偶尔是"马上低吟三五句，灯前速记六七行"。诗人的气质，将军的风骨，长征的内蕴，就这样融进了对群山的感觉之中。

据不完全统计，从 1934 年 10 月开始长征后，随红一军团行进的毛泽东，先后翻越了 20 多座大山。

在江西境内，有大庾山脉的支脉雷岭。

在广东境内，有五岭山脉的支脉苗山、大王山、小王山、大盈山。

在广西境内，有湘桂间的要隘永安关和瑶族地区的白茅隘。

在贵州境内，有娄山关和五岭山支脉紫金关。

在四川境内，有入川的主要隘口小相岭、大相岭，彝族扼守的冕山、雪山夹金山、梦笔山、长板山、打鼓山，以及荒无人烟的拖雷岗、腊子山、高原草地分水岭。

在甘肃，有朵扎里、岷山、六盘山。

穿行在这崇山峻岭之中，绝不是一次轻松的旅行。

在诗人笔下，那些像战阵、像利剑的山峰，虽然被看得不在话下，可事实上，每一个当事人在这些自然山水的阻隔面前，决不会有亲近可爱的感觉。

当红军借助明月或打着火把，在若明若暗的夜色中跋涉的时候，嶙峋的乱石，或令人战怵的悬崖峭壁，都仿佛张着血盆大口在寻找机会吞噬这

支奇异的军队，更何况还有那些前堵后追、比陡峰深谷更凶恶的敌兵。

毛泽东后来在解释《忆秦娥·娄山关》时，还说了这样几句话："过了岷山，豁然开朗，转化到了反面，柳暗花明又一村了。以下诸篇，反映了这一心情。"

这里说的"以下诸篇"，就是《十六字令三首》《七律·长征》《念奴娇·昆仑》《清平乐·六盘山》。

有意思的是，这几首，都是写的山。

毛泽东对山似乎有一种特殊的偏好。

在《毛泽东诗词集》收入的 67 首作品中，以山为题和写到山的，就有 30 多首。他的代表作，大多是以山为题材。

因为他这时期的诗词多是在马背上"哼"出来的。人们称他为马背诗人，就是这个意思。

更重要的是，毛泽东的辉煌，是从"山里"起步的；中国革命道路，也是靠着对山的跨越和曲折前行而走向成功。

1935 年 6 月，红一、四方面军在四川懋功会师，随后，分左右两路北上。

但是，分裂的危机又开始逼近这支"摩西"率领的队伍。

1935 年 9 月上旬，张国焘率领左路军坚持南下。在无法说服张国焘的情况下，毛泽东只得率领从江西出发的中央红军继续北上。

9 月 12 日，继续北上的中央红军在甘肃俄界把部队改编为陕甘支队，随后突破天险腊子口，翻越了岷山。

革命老人吴玉章曾回忆说：过岷山那天，"天气特别晴朗……我们很快登上了岷山的山顶，从山顶远望山下的田野，牛羊成群，农民在田间辛勤劳动，大家很愉快地像潮水般涌下山去，到了大草滩宿营地。在回、汉族人民的热诚欢迎中，我们很快进入了村子"。

这正是毛泽东后来说的，过岷山以后拥有的那种"豁然开朗"和"柳暗花明又一村"的心境。

翻越岷山后的第三天，也就是 1935 年的 9 月 20 日，毛泽东在甘肃宕昌县哈达铺读到一张报纸，意外地发现一个令人振奋的消息——陕北有刘志丹的红军和面积不小的苏区。那里离这里只有七百多里路程。毛泽东当即决定：到陕北去，实现北上抗日、创建根据地的目标。

长征的落脚点这才最终定了下来。

这对一年多来饱尝艰辛、且战且走，选了好几个地方都没有落下脚，不免有四顾苍茫之感的红军来说，还有什么能比这个消息和决定更让人高兴呢？

毛泽东当时的警卫员陈昌奉在《跟随毛主席长征》一文中这样回忆：
"一天，我们从甘肃环县出发，走了几十里路，刚登上一座光秃秃的小山，便遇到刘志丹同志派来给主席送信的人。主席看过信，站在山顶上，向正在休息的部队大声喊道：'同志们！我们就要到达陕北苏区了，我们的红二十五军和红二十六军派人来接我们了！……'主席的话还没有讲完，山坡上立刻欢腾起来。同志们高兴地笑着、跳着、互相搂抱着、欢呼着，有些同志甚至激动得大哭起来。"

中央红军的长征就要结束了。对毛泽东来说，最好的方式，就是以诗来记述这一年多来的艰难而伟大的历程——

红军不怕远征难，万水千山只等闲。
五岭逶迤腾细浪，乌蒙磅礴走泥丸。
金沙水拍云崖暖，大渡桥横铁索寒。
更喜岷山千里雪，三军过后尽开颜。

不用雕琢，只是拿红军长途跋涉的脚印，把万水千山串在一起，就构成了一首诗。

虽只有 56 个字，虽只有一年的跨度，记录的时空内涵，却有着世界历史上最罕见的沉重和遥远。

这首《七律·长征》，除山之外，还写了两条"水"——金沙江和大渡河。

长征中的红军曾飞渡过近 20 条江河。谙熟历史的毛泽东选择金沙江和大渡河入诗的时候，头脑里或许闪着两个令人难忘的名字——诸葛亮和石达开。

在《三国演义》里，金沙江被称为泸水。这一带，即使在春天便已酷热难耐。毒气聚于江水之中，泅渡或饮用，都会中毒。诸葛亮在四五月间南征时，部下马岱率军渡泸水，不知此情，折损了 1000 多人马。后来在当地老乡指点下，才在夜静水冷之际安全渡过。

毛泽东和红军过金沙江，正好和诸葛亮的南征是同一个季节，于是便有了"金沙水拍云崖暖"的感觉。

说起大渡河，人们自然要想起石达开。就在红军抢占大渡河的 70 年前，太平天国翼王石达开的十几万人马，在这里全军覆灭。于是，蒋介石的飞机也向红军撒下了"毛泽东将成为第二个石达开"的传单。

令毛泽东和红军自豪的是，大渡河的历史也没有重演。

惊天地、泣鬼神的漫漫长路，文字已无法记载它的艰辛和悲壮，无法尽数它的残酷和凄凉。

那里有爬不完的大山，渡不完的大河，还有似乎永远走不到头的草地，永远看不到顶的雪山。

长征是什么？

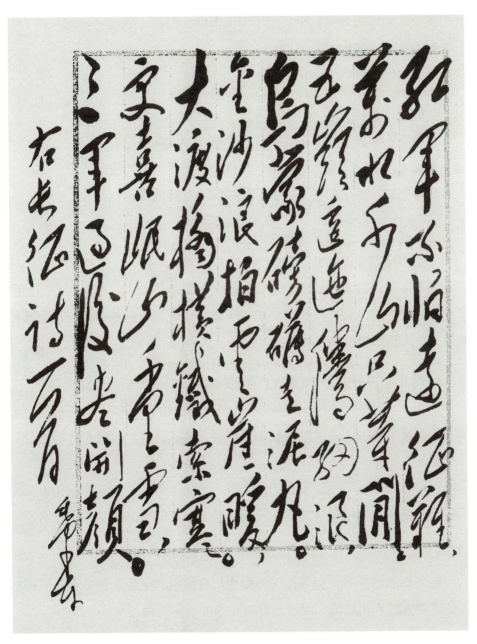

毛泽东手书《七律·长征》

红军官兵靠野菜和皮带充饥。

多少战士被敌人的机枪打下了万丈深渊，打进了湍流翻滚的河谷。

沼泽吞没了他们的躯体。

风雪把他们凝成了永恒。

长征是什么？

在中国作家魏巍的笔下，长征是"地球的红飘带"。

在美国作家索尔兹伯尼笔下，长征是"前所未闻的故事"。

在埃德加·斯诺的笔下，长征是"惊心动魄的史诗"。

这就是长征，二万五千里路的长征。

它需要何等惊人的智慧和毅力才能走完？！

红军冲破国民党重兵的追堵，跨越雪山草地的险阻，经受饥寒伤病的折磨，战胜党内分裂的危机，演出了一幕幕悲壮传奇的故事。三军会师的时候，全部红军加起来才剩下两万多人，还不到红军鼎盛时期的十分之一。

80多年的岁月过去了。沿着万里长征路，我们能看到些什么呢？

一个又一个的悬崖绝壁会在眼前闪过，盘山公路像一条腰带绕上云霄。一条又一条的江波河浪会在脚下奔涌，各式各样的桥梁把大地连成为一个整体。

远征者的足迹早已被岁月的流水磨平。除了带血的传说和偶尔可见的一些没有纪念碑的坟墓，那些在漫漫征途上艰难前行的红军似乎没有留下什么。

倘若你细细倾听，倘若你深深凝视，这山水之间，却依然掩映着那些远征者伟大的人类感情，凝固着穿越时空的理想诗篇。

都说战争能湮灭情感，战马会踏碎人性。如果你听了下面这个故事，面对这样的问题，你会说：不！

还是在茫茫的草地上面，一支红军队伍被后面的敌人追赶着。偏偏一位怀孕的女同志临产，部队只好停了下来，焦急万分地等候一个小生命的诞生。敌人的飞机在天上转，追兵越逼越近。这时，参加过中国共产党第一次全国代表大会的董必武对红五军团的军团长董振堂说："一定要顶住敌人，打出一个生孩子的时间。"

整整两个多钟头，小生命才姗姗来到人间。而打阻击战的部队已经牺牲了几个战士，有人叹息，董振堂却板起脸说："我们干革命打仗，为了什么？不就是为了孩子们吗！"

"为了孩子"，这是所有烈士的心愿。

"为了孩子"，这是人世间最朴实也是最美丽的诗。

"为了孩子"，这是革命者信奉的最深刻的哲理。

长征，就这样成了人世间最长的一首生命的诗。

长征，也让毛泽东多次淌下眼泪。

到延安后，他曾对妻子贺子珍说："我这个人平时不爱落泪，只有在三种情况下流过眼泪。一是我听不得穷苦老百姓的哭声，看到他们受苦，我忍不住掉泪。二是跟过我的通讯员，我舍不得他们离开，有的通讯员牺牲了，我难过得落泪。我这个人就是这样，骑过的马老了，死了，用过的钢笔旧了，都舍不得换掉。三是在贵州，听说你负了伤，要不行了，我掉了泪。"

在长征途中，为保卫毛泽东而牺牲的第一个警卫班长叫胡长保。时间：1935年5月过大渡河后不久；地点：一个叫花岭坪的地方；遭遇：敌机轰炸。晚年毛泽东还多次说到这件事。

贺子珍也是在长征经过贵州时遭遇敌机轰炸身负重伤。

"情动于中而形于言。"情感是诗歌的真生命。

毛泽东是拥有情感的"富翁"，又是善于抒唱的"歌者"。

穿过风雪，就有了风雪的坚韧。

走过草地，就有了草地的深邃。

爬过大山，就有了大山的抱负。

涉过大河，就有了大河的豪迈。

于是，在《七律·长征》诗中，山，不再那么凶险了。巨龙一样的 5 条大岭不过是微波细浪，气势磅礴的乌蒙山脉不过像滚动泥丸。金沙江两岸高耸入云的山崖给人的也只是一种"暖"热，被敌人抽去桥板的大渡河上高悬的铁索，也只是有点"寒"意。连眼前岷山的千里风雪，也已变成让人更加欢喜的美景。

为什么会这样呢？因为"红军不怕远征难"。

这是多么奇特的人生经历。

这是多么惊人的革命英雄主义气魄。

在困难的岁月里，除了有一种崇高的目标和坚定的信念，没有一股子英雄豪情也是不行的。面对无数难以想象的障碍，毛泽东往往展示出大无畏的英雄主义气概和必胜的乐观主义精神。

毛泽东向世人公开介绍的第一首诗词，是他的《七律·长征》。仿佛一般的语言已不足以透彻地表达他半生经历的惊风密雨了。

毛泽东不是把长征前的诗词，而是把有关长征的诗首先介绍给世人，可见长征经历在他的生涯中占有何等分量。

毛泽东不是把长征中写的其他诗词，而是把《七律·长征》介绍给世人，可见这首诗在他写的长征诗词中占有何等分量。

让青山作证吧，二万五千里的长征，是诗人毛泽东最长的一首诗。

让青山作证吧，长征是一曲人类在极限中求生存、在绝境中显奋斗的悲壮的歌。

第十章

和大地
谈心

　　毛泽东，就是这样一位大地之子。
他心潮滚滚地拥抱山川，想象丰富地
与大地交流，情意无限地赞美大地。
"坐地日行八万里"，使毛泽东心驰神
往。"遍地英雄下夕烟"，让毛泽东流
连忘返。"洞庭波涌连天雪"，令他叹
为观止。"桃花源里可耕田"，叫他浮
想联翩。在高天滚滚寒流之际，他谛
听着来自大地的消息——"大地微微
暖气吹"。他甚至把自己最紧迫和最要
紧、最宏大也最深远的心事托付给大
地——"问苍茫大地，谁主沉浮？"

1949 年 12 月，革命刚刚胜利两个多月，毛泽东便乘坐专列，跨越中苏边境去访问苏联了。

望着窗外茫茫无涯的西伯利亚雪原，毛泽东感慨地对陪同的苏联官员费德林说了这样一句话——

"中国共产党人曾经竭尽全力，要给大地带来生命！"

毛泽东和大地的关系，引起了美国传记作家的兴趣。特里尔在他的《毛泽东传》里，作了这样的描述——

"毛是一位探险家，在一次又一次的战役中，在他的国家的广袤的土地上，他看到了青年时代读书时想象过的庙宇山峦。……他作为自己的主人旅行，以自己的思想考察山河的壮丽，并把它作为对自己的新的革命方式的最严峻的考验。"

就像恬淡隐逸的陶渊明爱菊花，仙风道骨的李白爱喝酒，孤高傲世的林和靖爱梅花，慷慨悲歌的辛弃疾爱宝剑一样，把中国和世界装在心里的毛泽东，早年崇尚"我自欲为江海客"这种奔劳生涯的毛泽东，从"山沟"里一步步走进北京城的革命家毛泽东，一生钟爱山川，酷好游历。

即使到晚年，在平常的谈话中，毛泽东也毫不掩饰他的这个兴趣。

他推崇明代的徐霞客，说他一辈子都是走路游历，才写出了富有创见的《徐霞客游记》，它既是科学著作，又是文学作品。

毛泽东还说："我很想学徐霞客。"

在 1959 年 4 月举行的一次中央会议上，毛泽东曾立下这样一个志愿。他说：如果有可能，我就游黄河、长江，从黄河口子沿河而上，带上地质学家、生物学家和文学家。只准骑马，不准坐车，一直往昆仑山那里走，然后就可以到猪八戒去过的那个通天河。

他是一个说了就要做的人。为了实现这个愿望，中央警卫局还组建了一支护卫毛泽东游历黄河、长江源头的骑兵大队。

1964 年夏天，骑兵大队为毛泽东训练的坐骑——一匹小白马，被运到了北戴河。毛泽东骑着它，还照了一张照片。

不巧的是，越南北部湾事件的爆发，国际形势陡然紧张起来。准备中的黄河、长江源头之旅从此耽搁下来。

1972 年初，毛泽东大病了一场。好转过来后，他对身边的工作人员笑着说："我到马克思那里去了一趟。他对我说，你那个国家的钢产量和粮食还太少，再说，你还想游黄河，你先回去吧。"

毛泽东为什么如此深情地注视着江河源头的莽莽荒野？是因为那里盛开过唐蕃古道的驿路梨花，还是因为藏伏着民族文化的古老秘密，奔腾着 5000 年历史的雪浪狂澜？

古希腊神话有这样一个传说：海神和地神的儿子安泰，只要身不离地，就能无敌于天下。因为大地母亲会给予他无尽的力量和勇气。

雨果说过：诗人可以插上心灵的翅膀飞向天空，可他也要有一双脚留在大地。

毛泽东，就是这样一位大地之子。

他心潮滚滚地拥抱山川，想象丰富地与大地交流，情意无限地赞美大地。

"坐地日行八万里"，使毛泽东心驰神往。

"遍地英雄下夕烟"，让毛泽东流连忘返。

"洞庭波涌连天雪",令他叹为观止。

"桃花源里可耕田",叫他浮想联翩。

在高天滚滚寒流之际,他谛听着来自大地的消息——"大地微微暖气吹"。

他甚至把自己最紧迫和最要紧、最宏大也最深远的心事托付给大地——"问苍茫大地,谁主沉浮?"

这位大地之子,一生似乎都在大地游历,与大地谈心。

在大地上游历的毛泽东,成了名副其实的中国走向的探路者。

1954年,一次在杭州登山,已是傍晚,有人说,再往前走,没有路了,天黑了就什么都看不见了,提出下山往回走。毛泽东说:你们是累了吧,不能累了就不干了。有山就有路,路是人走出来的嘛。我们往前走,不走回头路,好马不吃回头草。

毛泽东属于这样一个时代,那是在黑夜沉沉的奋斗岁月里,寻找希望和实现希望的时代;那是在没有现成的路可走而必须开辟道路的时代。

古人说,"登山,则情满于山;观海,则意溢于海"。

正是在游历中,毛泽东感受到日月精华,承受了甘霖瑞雨,拥有着高天厚爱,汲取了大地深情。

正是在游历中,毛泽东的革命家的意志,能够得到独特而充分的展露。

正是在游历中,毛泽东获得了无限的诗情和灵感,并使革命家的人格和诗人的气质得以高度地融合。

正是在游历中,毛泽东发现了自己,也丰富了自己;发现了世界,也改变了世界。

　　1935 年 9 月，在长征途中翻越岷山的时候，毛泽东在山顶上极目四望，第一次看见了雪峰如海的世界，感受着一个神话传说的世界。

　　这就是昆仑山。一个到晚年他都想骑马去看一看的大山。

　　昆仑山脉是中国也是世界最大的山脉之一，平均海拔在 5000 米以上，长约 2500 公里，横贯新疆和西藏，东入青海，最高峰有 7700 多米，终年积雪。因其高耸立在亚洲中部，有着"亚洲脊梁"之称。

　　在中国远古传说中，昆仑山向来是一座神山。

　　晋代张华《博物志》里说："昆仑山，广万里，高万一千里，神物之所生，圣人仙人之所集也。"还说著名的神话人物西王母就住在这里，昆仑山只是她的"后花园"，里面栽种有让人长生不老的神灵妙药。

　　诗人屈原曾经畅想过："登昆仑兮食玉英，与天地兮同寿，与日月兮齐光。"

　　在当地百姓的传说中，昆仑山也是唐僧赴西天取经时遭遇的火焰山；是孙悟空从铁扇公主那里借来了芭蕉扇，连扇了 49 下，只见满山大雨滂沱，天空气温骤然下降，群山峰顶渐渐飞雪，整个世界一片银白。

　　一红一白的变化，造就了整个世界的五颜六色。

　　一热一冷的更替，凝聚了人类文明的万世沧桑。

　　伫立岷山峰顶，观不尽神话般的白雪山巅。毛泽东的想象已经超越二万五千里的长征风云；在横空出世、似见非见的昆仑上，毛泽东感受到人类的过去，畅想着世界的未来——

　　　　横空出世，莽昆仑，阅尽人间春色。
　　　　飞起玉龙三百万，搅得周天寒彻。
　　　　夏日消溶，江河横溢，人或为鱼鳖。

千秋功罪，谁人曾与评说？

而今我谓昆仑：不要这高，不要这多雪。
安得倚天抽宝剑，把汝裁为三截？
一截遗欧，一截赠美，一截留中国。
太平世界，环球同此凉热。

古来诗词，使典用事，多涉及昆仑，但都取其神话奇境。

这首《念奴娇·昆仑》，既有遥远眺望的虚幻想象，又有身临目接的现实感觉。伫立岷山峰巅，事实上看不到终年积雪浑莽的昆仑山主脉，显然是神话传说的积淀刺激了毛泽东对昆仑的艺术构想。但他又避开了古代诗人的既成思路，没有去写种种传说，而是实写昆仑的形貌气势和自然特征，评说它的千秋功罪。

模山范水，诗人常情。但毛泽东不是简单地寄情山水，而是超乎山水之外，以雄放挥洒的气势，在巨大的空间物象中渗透他浓烈而深沉的历史意识。

于是，在毛泽东笔下，超出人世的蛮荒昆仑，俨然成了看尽人间沧桑的历史老人。

事实上，昆仑山本身就是一部凝固的历史。

披盖在它身上的冰雪，好像无数条白龙腾空飞舞，把整个世界搅得寒冷透了，有多少生灵冻死其间。又是它身上的这些冰雪，在融化之后，倾泻直下长江、黄河，像冲走鱼鳖一样淹死无数生灵。

然而，这位叫昆仑的历史老人却无动于衷。因为春夏秋冬，四季轮回，是它自身的变化。

哀痛者自哀，哭泣者自哭。昆仑山不相信眼泪。

我们的诗人却不能无动于衷——
坦荡而质朴的昆仑山，你涵盖着广袤的天地，你容纳着漫长的时间。

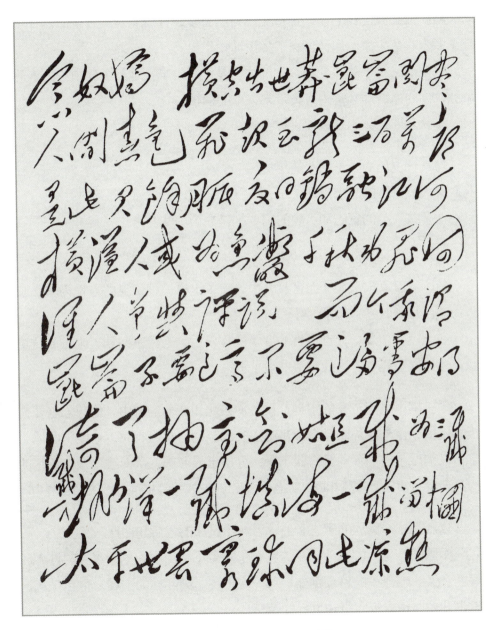

毛泽东手书《念奴娇·昆仑》

你沐浴过无数的阴晴雨雪，你经历过遥远的沧海桑田。

粗犷而细腻的昆仑山，你造化出冬秋春夏，你飘忽着美妙疑团。你孕育了多少彩色生命，你又荡涤了多少动物生灵。

可敬而又可恨的昆仑山，你的冰雪是维系中华大地、滋养中华民族的命脉，你的冰雪却又是为人民带来灾难的祸根。

千秋功罪，该怎样来评说你呢？

与其评说历史，不如改造历史。

诗人最奇特的想象出现了——

他要按人类的意志和历史的需要把昆仑山剪裁开来！

靠什么来裁剪昆仑呢？

楚国辞赋家宋玉在《大言赋》中，写了这样一种长剑："方地为车，圆天为盖。长剑耿介，倚乎天外。"

在创建新中国，让世界真的变了模样以后，毛泽东阅读了宋玉的这篇赋，还把描写长剑的这几句话书写了下来。

宋玉笔下奇大奇长的宝剑，被毛泽东化用在他的诗中。他想象着要倚天抽出的，正是这种比昆仑山还高还长的宝剑。也只有它，才能把既冰封宇宙又消融宇宙的浑莽昆仑砍下来，分给世界各国，从而改变寒热不均的纷乱现象，使人类寒暑相同，共冷共热，在民族平等中进入"大同世界"。

这就是一个民族的意志和追求，一个民族的理想和期待。

中国共产党人的奋斗，在这首词里获得了超出中国革命本身的世界和平的意义。毛泽东的诗词创作，第一次出现了国际性的主题。也正是从这首词开始，诗人走向纵论世界的诗坛。

长征，伴随着群山合奏的音韵，仍然在连绵起伏地延续着。

对依旧跋涉在长征途中的红军来说，眼前最迫切要应付的是死心塌地要"剿灭"他们的国内反动派。

在毛泽东的诗词里，这个敌人犹如硕大凶恶的"苍龙"。

如果说《七律·长征》是一部关于长征的史诗，那么，随后写的《昆仑》和《六盘山》，仿佛就是在两侧为这部史诗作出永恒证言的山脉。

1935 年 10 月 7 日，毛泽东率陕甘支队跨越甘肃和宁夏交界的六盘山。这是红军在长征途中翻越的最后一座高山。

翻过这座山，就可以进入长征的目的地——陕北了。

可以想象，毛泽东伫立在六盘山山顶那一刻，有着多么复杂而强烈的感受。此时酝酿的《清平乐·六盘山》，或许就是一个鲜明的见证——

> 天高云淡，望断南飞雁。
> 不到长城非好汉，屈指行程二万。
>
> 六盘山上高峰，红旗漫卷西风。
> 今日长缨在手，何时缚住苍龙？

在长征即将结束的时候，毛泽东为什么要回头去"望断南飞雁"？

也许，他在怀念那些倒在途中的烈士。

也许，他还牵挂着留在苏区坚持斗争的同志和战友。

也许，他期待着依然在长征途中奋力前行的另外两支红军主力——红二方面军和红四方面军。

也许，他是在回顾这一年中跋涉过的山山水水。

也许，他只是掰着指头计算着行军的里程。

不管是哪种假设，"望断"二字都透露着太厚太重的情意。

把往南追望的目光收回来，眼前却是一派令人振奋的情景。

猎猎红旗在西风中漫卷飞舞。一种胸有成竹的胜利豪情油然而生。仿佛已经有万丈长缨在手，捆住那凶恶的敌人，只是个时间问题。

清平乐

天高云淡，
望断南飞雁。
不到长城非好汉，
屈指行程二万。

六盘山上高峰，
红旗漫卷西风。
今日长缨在手，
何时缚住苍龙。

毛泽东手书《清平乐·六盘山》

　　在《清平乐·六盘山》中被称为"苍龙"的敌人是谁呢？

　　毛泽东后来专门批注说："苍龙：蒋介石，不是日本人。因为当前全副精神要对付的是蒋不是日。"

　　在毛泽东的诗词中，这首《清平乐·六盘山》，大概是最早被谱成歌曲传唱的作品。1942年8月1日，新四军办的《淮海报》刊登了一首《长征谣》，歌词是："天高云淡，望断南飞雁，不到长城非好汉！屈指行程已二万！同志们，屈指行程已二万！同志们，屈指行程已二万！六盘山呀高峰，赤旗漫卷西风。今日得著长缨，同志们，何时缚住苍龙？同志们，何时缚住苍龙？"

　　六盘山的主峰在宁夏固原县。新中国成立后，董必武曾受宁夏有关部门委托，请毛泽东亲笔书写这首词，毛泽东欣然同意，写完后还在诗末特意注明："1961年9月应宁夏同志嘱书。"派人把手迹送给董必武时又附信说："必武同志：遵嘱写六盘山一词，如以为可用，请转付宁夏同志。如不可用，可以再写。"

　　写了还可以再写，自然是为了那段难忘的岁月。

　　如此热心，还因为没有这些山脉河流，就没有诗人毛泽东。

　　革命和自然交融重合的"万水千山"，不仅孕育了诗人毛泽东，也孕育了军事家、政治家和哲学家毛泽东。

　　读毛泽东这个人，诵这个人的诗，如果抛开了或忽略了山水，多少像丢失了走进他内心世界的一把钥匙。

　　在红军的脚下，25000里的长征，何止是25000次的对话？正是在对话中，大地被激活了，有了灵性，因而也有了诗意。25000里的山山水水，在毛泽东笔下，也就被开掘成为永恒的见证——关于中国革命道路和未来的永恒见证。

　　当然，它们也是毛泽东的生命纪实，是毛泽东的事业的纽带。

走下六盘山，毛泽东对身边的人说："从江西算起，我们已经走过了十个省，下面就要进入第十一个省——陕西省了。那里是我们的根据地，就是我们的家了。"

到家了，长征结束。

如此惊心动魄的征程，总应该给世人留下点什么。

毛泽东以如此的语言来阐发长征的意义——

"长征是历史纪录上的第一次，长征是宣言书，长征是宣传队，长征是播种机。自从盘古开天地，三皇五帝到于今，历史上曾经有过我们这样的长征吗？……它散布了许多种子在十一个省内，发芽、长叶、开花、结果，将来是会有收获的。"

为了将来的这个收获，毛泽东决定把这个历史上从未有过的壮举写在文字上，编印成书。他专门向参加长征的官兵发出征稿信，要求他们写下自己的经历，编辑出版一本《红军长征记》。

这本书编好后，毛泽东曾对编辑们说，"最好由我来执笔写一篇总记"。

然而，这篇"总记"终究没有写出来。

也许，在他的生活中，有更重要的事情要做。

也许，在他的心目中，长征是没有终点的。

也许，在他的感觉中，永远不能承受生命之轻。

革命家的斗志、战士的信念，不能不永远保持冲刺状态，不能不永远经受着各种各样的沉重而艰险的考验。

大事业总会有大悲大患，大人物总要经历大风大浪。

走过昨天，也就走进了历史，但见道路雄伟，没有遗憾惆怅。

因为身后的脚印，化作了同大地对话的记录，化作了留给大地的诗行。

第十一章

天骄风流

　　我们的诗人从哪里获取了这般自信？因为诗人和他领导的队伍，固然是天之骄子，但他们同样是一群脚踏深厚的民族土壤、身披中国现代革命风云的大地之子。如果不是大地之子，他们的形象与感受不会这样厚实，同样也不会得到大地永远的厚爱。因为他立足于坚实的大地，所以他的目光才能够穿透浩茫的天宇和历史；因为他的根扎得很深很深，所以他的心才飞得很高很高。

在中南海菊香书屋毛泽东故居，陈列着一张写有毛泽东名字的持枪证，编号为"甲字第一号"。

这是 1949 年进城后，按中央首长可以佩枪的规定发给毛泽东的。持枪证"注意"栏中写明："本区门卫，检验放行。机密证件，随身携带，如有遗失，绝不补发。"

实际上，有关部门并没有给毛泽东配枪，持枪证上的枪证、枪号和子弹这些栏里都是空白。

这是一张有名无实的持枪证。

投身革命后，毛泽东原本就没有想到去摸枪杆子。

在国共合作的大革命初期，30 岁的毛泽东曾出任国民党中央宣传部代部长，35 岁的蒋介石则担任了国民党陆军军官学校即著名的黄埔军校校长。

仿佛是历史的有意安排，让两个后来影响中国历史进程的人物，一个去抓笔杆子，一个去抓枪杆子。

但抓枪杆子的蒋介石不久就背叛了革命。

残酷而沉痛的现实，使抓笔杆子的毛泽东不得不抓起了枪杆子。

他成了举世公认的红军统帅和军事家，并且真的像他的名言"枪杆子里面出政权"所揭示的那样，打出了一个新中国。

然而，正像人们所熟知的那样，毛泽东却不单是靠枪杆子来打碎一个旧世界的。

也正像人们所熟知的那样，毛泽东的双手似乎天生地不喜欢摸枪，而喜欢握笔。

作为军事家，毛泽东真正像军人那样挎枪，只有一次。

那是 1928 年 5 月，朱、毛红军在井冈山会师的庆祝大会上，兼任红四军第十一师师长的毛泽东，挎起了一把匣子枪，显得很兴奋。他开玩笑地对朱德说："背着盒子枪，师长见军长。"但会师仪式一结束，毛泽东就把枪交给了警卫员，从此，再也没有见他身上带过枪了。

在长征途中，贺子珍为毛泽东特制了一个可以装笔墨纸砚的多层口袋，毛泽东开玩笑地说："我要用'文房四宝'打败国民党大家族。"

毛泽东一生都不像一名军人，他不会神气十足地阔步行走，也不注重仪表和通常军事意义上的军纪。如果他带的不是枪而是一本书，看起来可能会更加协调。

的确，无论是 20 多岁在湖南第一师范当学生，还是 30 多岁在农民运动讲习所当先生，毛泽东都督促人们习武练身，但他自己却从来不喜好摆弄兵器，只是酷好读书。这一习惯，一直保持到晚年。

曾与毛泽东和蒋介石都有过交往的美国前总统尼克松，在他的《领袖们》一书里是这样评价的：蒋介石举止刻板，重风纪，住处井然有序，书法也是笔直正方。而毛泽东则躺坐漫无拘束，常常龙飞凤舞，信笔成书，房间也显得杂乱无章。

而一直到晚年，毛泽东都宣称他的身份更像一名教师。

然而，大获全胜的却是这位从军人的仪表上看并不很合格的毛泽东。奥妙在哪里呢？

奥妙在没有枪杆子的笔杆子固然是软弱的，而没有笔杆子的枪杆子却总是颠顿失路，刚断易毁。

奥妙在笔杆子可以创造思想，而没有思想的枪杆子只能创造死亡。

奥妙在创造思想的军事家，才能成为第一流的战略家。

1935 年底，刚刚在陕北落下脚跟的中国红军，发现自己依然身处在一个危机四伏的世界——

南面是杨虎城的十七路军，西面是马步芳、马鸿逵的"马家军"，东面是阎锡山的晋绥军，所处的陕北则是迎面来"进剿"的张学良的东北军。这几十万人马，都奉蒋介石之命，对历经千山万水剩下来的区区两万多红军，施行"一困、二剿、三消灭"的战略。

这时的中国共产党和红军，已经改变了自己的方针。

早在这年 8 月 1 日，中共驻共产国际代表团就以中国苏维埃政府和中共中央的名义发布了一个《八一宣言》，呼吁结束内战，共同抗日，组成全中国统一的国防政府。

国内政治形势也相继发生了重大变化。日军侵入华北，汉奸殷汝耕组织所谓冀东自治政府。12 月 9 日，北平学生举行声势浩大的抗日救亡游行，这就是有名的一二·九运动。

12 月下旬，中共中央在瓦窑堡举行政治局扩大会议，确立了抗日民族统一战线政策。正是在这次会议上，毛泽东提出了中国共产党要成为中华民族解放的先锋队，要"组织千千万万的民众，调动浩浩荡荡的革命军"。

一个要"剿灭'共匪'"，一个要联合抗日。怎么办？

为了民族大义，也是为了红军的生存，初到陕北的毛泽东，于四面重围之中不断地操起毛笔，给一些受命"围剿"红军的地方实力派人物写去一封封声情并茂的信件。

在这些信中，他找回了久违的传统古文感觉，再现出他青年时代激扬文字的灵气。

你看——

"……驱除强寇，四万万具有同心；诛戮神奸，千百年同兹快举。鄙人等卫国有心，剑履俱奋；行程二万，所为何来？既达三秦，愿求同志。倘得阁下一军，联镳并进，则河山有幸，气势更雄；减少后顾之忧，增加前军之力。……重关百二，谁云秦塞无人；故国三千，惨矣燕云在望。亡国奴之境遇，人所不甘；阶下囚之前途，避之为上……"

这是 1935 年 12 月 5 日写给杨虎城将军的一封信。

不分党派联合抗日的民族魂灵和真挚情感，跌宕其间。

典雅高古的骈体文句式，至今读来，还觉回肠荡气。

中国人谈兵，羽扇纶巾的周瑜总要比赤膊上阵的许褚更胜一筹。

可以想象得出，当杨虎城这些戎马半生的军人展读这文采斐然的词句时，他们肯定在心里构想着毛泽东的形象——

他是个拿枪杆子的军人，还是握笔杆子的文人？

是文人，怎么能把几万濒临绝境靠吃草根维持生命的红军带出死亡的峡谷？

是横刀跃马之辈，为何又有如此陈义高古而又华丽动人的神来之笔？

或许，他们觉得毛泽东多多少少是——

一个站在传统的根基上胸怀大志、谈论理想的人！

一个站在民族的立场上卧薪尝胆、奋发有为的人！

一个在沉落起伏中傲世独立、纵横捭阖的人！

一个上马击狂胡、下马草军书文武兼备的人！

一个不大容易说清楚却充满诱惑和魅力的人！

不是偶然的巧合，当民族危亡压倒一切的时候，当最需要每一个中国人都激发起深远博大的爱国情怀和力量的时候，当最需要用民族的传统和自尊来感召世人的时候，毛泽东，站在了西北高原茫茫的黄土地上、奔腾的黄河岸边。

正是在这孕育华夏民族的摇篮之地，毛泽东怀思几千年的文明波澜，写出了他一生中最杰出的诗篇。

如今的黄土高原、黄河水流，还有那黄色天际，却沉默着。

可几千年中华民族的煌煌历史曾从这里出发和奔腾，也在这里沉淀和平息。而未来的中国，是不是也将在这里孕育、发芽和积累呢？

真正让毛泽东感受到这点，是 1936 年 2 月过黄河的一瞬间。

1936 年 2 月上旬，红一方面军以"中国人民红军抗日先锋军"的名义，在毛泽东、彭德怀、刘志丹的指挥下，从陕北清涧渡过黄河，发起东征战役。目的是在山西西部开辟局面，然后根据日军对绥远进攻的情况，再由山西转往绥远直接对日作战。

渡河部队秣马厉兵，在黄河沿岸集结待命时，发生了一件趣事。

当时，红军各级指挥员所用的手表多是战斗中缴获的破表、旧表，型号不同，快慢不一，各部队经常因未能遵守时间发生争执和扯皮。为避免贻误战机，毛泽东向各路渡河大军发出命令："渡河时间不可参差，一律20号20时开始，以聂荣臻之表为准。"

渡过黄河的红军在河东遭到阎锡山晋绥军的阻挡，打了几仗，蒋介石又调集20万人马增援围逼，红军于5月初被迫撤回河西。渡河东征没有达到原定的战略目的，却扩大了红军，在山西十几个县开展了工作，为稍后在河东一带建立根据地打下了基础。

对毛泽东来说，收获却不只这些。

他还收获了一首旷古未有的词作——《沁园春·雪》。

毛泽东在陕西清涧县袁家沟部署渡河行动那几天，虽是初春二月，黄土高原不仅冰冻未化，反而飘起鹅毛大雪，仿佛是要为出征的红军将士们壮壮行色。

头顶浑莽的天。

身披浑莽的雪。

俯视浑莽的河。

历史的流云不经意间悲壮地飘过眼前。

站在秦晋高原，诗人的双脚，似乎踩着一个民族浑莽而又浩瀚深长的历史河道——昨天的赫赫辉煌，今天的屈辱困顿。

一队队穿着灰布军装，戴着红五角星军帽的官兵骑着马，或扛着枪从身边走过，被风雪笼罩着渐渐远去，融入浑莽无垠的天地之间。为了民族的生存，他们正在重写历史。

看着这一切，一种舍我其谁的使命感就像火团一样，在毛泽东的胸中燃烧起来——

北国风光，千里冰封，万里雪飘。

望长城内外，惟余莽莽；

大河上下，顿失滔滔。

山舞银蛇，原驰蜡象，欲与天公试比高。

须晴日，看红装素裹，分外妖娆。

江山如此多娇，引无数英雄竞折腰。

惜秦皇汉武，略输文采；

唐宗宋祖，稍逊风骚；

一代天骄，成吉思汗，只识弯弓射大雕。

俱往矣，数风流人物，还看今朝。

1000多年前的柳宗元，也曾描写过浑莽雪飞的大世界："千山鸟飞绝，万径人踪灭。孤舟蓑笠翁，独钓寒江雪。"

那是个孤寂死灭、了无生气的世界。

在毛泽东的笔下，被冰雪覆盖的世界不仅没有沉寂，相反，诗人之心激活了历史的灵魂，让原本沉寂的世界生机盎然起来。

如此多娇的江山，上演过多少惊心动魄的历史壮剧啊！

诗人的视线穿过偶尔挣出覆雪的高原黄土，融入深藏地下那鲜活生动的历史长河，感受着地火的熏烤。在白雪的衬托下，那点点黄土又好像是祖先的眼睛，深情地注视着这位20世纪中国的骄子。

诗人的视野变得模糊起来。

他向历史走去，向这个充满生机的民族大舞台走去。

于是，曾风云一时的英雄们一个个出现了——

扫六合，并诸侯，完成统一大业的秦始皇来了。

北控朔漠、西征匈奴，命张骞出使西域，令名将飞渡关山的汉武帝来了。

南征北战，使江山复归统一，并创造了巍巍大唐盛世的唐太宗来了。

在多国并存之中再度统一华夏，成功后以"杯酒释兵权"被记入历史的宋太祖来了。

还有那个长于策马弯弓、驰骋草原，子孙曾建立横跨欧亚大陆的帝国的成吉思汗，也来了。

一个个中华民族历史上的骄子，仿佛都从古老的黄土地里破土而出，

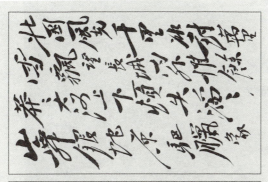

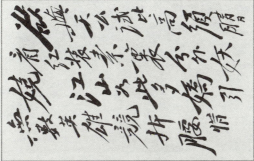

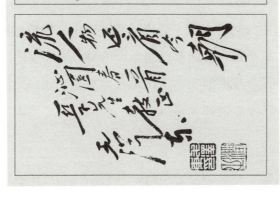

毛泽东手书《沁园春·雪》

毛泽东在保安（1936 年）

穿透厚厚的冰雪，带着自己的功业和个性，来了，近了。

正是他们，面对"分外妖娆"的华夏江山，竞相折腰，进而把中华民族的历史，演绎得烟波浩渺。

在爱国主义的河床上，回荡着不甘沉沦的呐喊，奔涌着重铸辉煌的浪涛。

毛泽东请出历史人物，当然不是为了回到历史，不是在自我满足中去炫耀祖宗的功业，更不是在民族危机的今天请出亡灵来敬之。

不甘沉沦、重铸辉煌的真实含义，是在历史的比较中更加坚信正在开拓的新的民族奋斗之路，而这条路可以通向秦皇汉武、唐宗宋祖们难以企及的地方。

历史上功业赫赫、威震四方的英雄，其文治武功往往不能兼备。他们虽然气壮山河，风卷残云，有王者风、霸者气，但大多文采黯然，风骚庸庸。他们在历史的窠臼中循环往复，难有独具魅力的文化渗透力量。

于是，《沁园春·雪》的点睛之笔出现了——
"俱往矣，数风流人物，还看今朝。"

一笔超历史。
一笔见精神。
一笔显魂魄。
一笔动世界。

我们的诗人从哪里获取了这般自信？
因为诗人和他领导的队伍，固然是天之骄子，但他们同样是一群脚踏深厚的民族土壤、身披中国现代革命风云的大地之子。
如果不是大地之子，他们的形象与感受不会这样厚实，同样也不会得到大地永远的厚爱。
因为他立足于坚实的大地，所以他的目光才能够穿透浩茫的天宇和历史；因为他的根扎得很深很深，所以他的心才飞得很高很高。

今朝的红军，今朝的中国共产党，无疑将超越历史。
一年的长征，已经证明了一个中国人刻骨铭心的道理——
命运永远掌握在自己的手里！
中国共产党和红军最关心中华民族的命运！

就在毛泽东写下《沁园春·雪》5个月后，在保安的窑洞里，毛泽东告诉美国记者斯诺：蒋介石总有一天要面临选择，要么抗日，要么被部下打倒。来自他的将领和抗日群众的压力越来越大。他作出决定的时间不远了。

中国的历史果然很快发生了转机，中国人携起手来，抗日救亡，决定

自己命运的时机来到了。

1936 年 12 月 12 日，西安的张学良、杨虎城将军发动"兵谏"，逼蒋抗日。"西安事变"促进了国共合作抗日，成为中国形势转变的枢纽。

在斯诺的心目中，毛泽东成了神奇的预言家。

西安，正是《沁园春·雪》歌咏的"秦皇""汉武""唐宗"们端坐龙廷、抖出泱泱大国气派的地方。

离西安不远的地方有一座黄帝陵。

远古时期，传说有一位姓姬的部落首领，号轩辕氏。他既有武功，又擅文治。他逐鹿中原，平息部落间的纷争，统一了天下。后人把他当作中华民族的共同祖先，称他为轩辕黄帝。

为了纪念他，后人在陕西桥山建造了一座中国最早的陵墓——黄帝陵。陵前设有祭祀亭，历朝历代，清明时节，中央政府都要来这里举行大型祭奠仪式。

1936 年，毛泽东在保安和红四军部分干部合影。前排左一罗荣桓，左三起为陈光、杨立三、陈士榘、宋裕和、林彪；后排左一赵尔陆，左六毛泽东，左八谢今古

民族的香火，靠"黄帝"这个若有若无、既远且近的人物的凝聚，延续了一代又一代。

1937 年 4 月 5 日清明节这天，对黄帝陵来说，是个特殊的日子。中国大地上两个阵营的领袖——毛泽东和蒋介石，同时派代表来到这里，祭奠共同的祖先。

在黄帝陵前，毛泽东的代表林伯渠念了一篇毛泽东写的四言古体《祭黄帝陵文》——

赫赫始祖，吾华肇造。胄衍祀绵，岳峨河浩。
聪明睿知，光被遐荒。建此伟业，雄立东方。
世变沧桑，中更蹉跌。越数千年，强邻蔑德。
……
东等不才，剑履俱奋。万里崎岖，为国效命。
频年苦斗，备历险夷。匈奴未灭，何以家为？
各党各界，团结坚固。不论军民，不分贫富。
民族阵线，救国良方。四万万众，坚决抵抗。
民主共和，改革内政。亿兆一心，战则必胜。
还我河山，卫我国权。此物此志，永世勿谖。
经武整军，昭告列祖。实鉴临之，皇天后土。
尚飨！

不惟声情并茂，更有金石诚心。

其中几句，如果翻译成白话，仿佛掷地铿锵的誓言——

"我毛泽东之辈，虽然没有济世大才，但挥戈披甲，奋力奔走，驰骋万里，这都是为了给祖国尽力效命。历经险阻，苦斗多年了，不驱除日寇，莽莽神州，不可能有我们的家园。

"面对民族存亡的大局，我们发誓永远不会忘记自己的使命。面对列祖列宗的英灵，我们决心整顿军队，经营战备，共赴国难。

"请大地明察，请苍天作证，我们黄帝子孙的一片赤诚。"

向历史靠近，诗人捧着一颗真心，披带一路风尘。

向未来走去，爱国志士的气节、民族英雄的风骨、革命战士的神采，焕发着独有的刚健和执着。

他们的意志如伟岸的高山，心胸如坦荡的莽野。

这，或许就是挽救民族危亡的风流人物。

这，或许就是 20 世纪中国的天骄情怀。

第十二章

边关韵

　　杜甫在"闻官军收河南河北"时，欣喜之状是"白日放歌须纵酒，青春作伴好还乡"，甚至畅快设想，"即从巴峡穿巫峡，便下襄阳向洛阳"。诗人毛泽东在捷报传来时的感受，却是"满宇频翘望，凯歌奏边城"。儿女之情陡然转向风云之气，回到了政治家和军事家的本色。

让许多人纳闷的是，从 1937 年到 1947 年，在延安居住的整整 10 年的时间里，毛泽东留下了几百万字的文稿，这当中却只有一首诗作，一首追悼战死沙场的国民党军队抗日将领戴安澜的五律。

在陕甘宁边区相对稳定的环境中，毛泽东似乎整天面对的是书桌、会议、电信、文件，再不就是讲话和接见。一束束阳光射进窑洞，不时还传来战士们和文化人欢乐的歌声。

不见了险关、急流，不见了马蹄、追兵。

耳边没有了枪声，身旁没有了鲜血，似乎也就缺少了酝酿诗情的动力和冲破空间的想象。

远在莫斯科的两个儿子毛岸英、毛岸青写信回来，说很想读到爸爸新写的诗。毛泽东回信说："岸英要我写诗，我一点诗兴也没有，因此写不出来。"

作为"马背诗人"的岁月似乎过去了。

毛泽东是怎样结束他的马背诗情的呢？

依然是以诗人的方式，向马背岁月作了告别。

1935 年 10 月，红一方面军长征结束的时候，毛泽东写了一生中唯一的一首赠给手下将领的诗。

1936 年 12 月，在中央机关就要迁居延安的时候，毛泽东写了一生中唯一的一首赠给中国作家的诗。

寄情于拿枪的将军和握笔的作家，期待着文治与武功的辉煌。

这是多么耐人寻味啊！

这或许就是那天骄的视野、统帅的胸襟。

1935 年 10 月中旬，国民党两千多骑兵尾追红军到了陕北。

19 日那天，毛泽东在保安县的吴起镇，部署了一场"割尾巴"的战斗。战斗打响前，他在一份电报中，指出战场的地理特征是"山高路远坑深"。21 日，彭德怀率部在吴起镇附近的二道川击溃追兵，打胜了初到陕北的第一仗。

这一仗，也是结束长征的最后一仗。

捷报传来，欣喜的毛泽东循着电报中对地势的描述，给彭德怀写了一首诗——

> 山高路远坑深，大军纵横驰奔。
> 谁敢横刀立马？惟我彭大将军！

这是毛泽东写的最后一首身临其境、近在眼前的战争诗。

一位横刀立马的伟岸将领，越山驰骋，夺关斩将，赫然眼前，不觉让人想起在长坂坡上横矛怒喝、令木桥断裂、让河水倒流的张飞。

时任陕甘支队司令员的彭德怀后来回忆："战斗结束后，我回到毛主席的住处看到桌子上放着这首诗。……我当时拿起笔来，把最后一句'惟我彭大将军'，改成'惟我英勇红军'，又放回了原处。"

这首诗后来有了一个新的名字——《六言诗·给彭德怀同志》。

彭德怀从井冈山开始，便统领一支人马，跟随毛泽东南征北战。且不

说他在创建和保卫中央苏区的征程中立下的赫赫功劳，就说 25000 里的长征，他率领的红三军团和林彪率领的红一军团，始终是中央红军的两大主力，他们沿途夺关斩将，逢山开路，遇水架桥。

彭德怀打仗，以勇猛敢拼闻名；林彪打仗，以谨慎机巧著称。

毛泽东时常问计于他们。

有的可打可不打的仗，如果连彭德怀都说不能打，毛泽东绝不会去打。

有的可打可不打的仗，如果连林彪都说能打，毛泽东会果断决策去打。

正是靠这样的英雄之师和忠勇之将，中国革命才走出绝境，赢得未来。

毛泽东赋诗激赏爱将，自在情理之中。

勇往直前的彭大将军，理应堪当盛誉。

堪当盛誉的，当然还有红军队伍里的执笔之士。

1936 年 11 月初，刚刚在南京摆脱国民党囚禁的作家丁玲，来到了陕北保安。

她是第一个从国统区来到陕北苏区的名作家。在此之前，她已写出《莎菲女士的日记》《水》《母亲》等出色的小说，还担任过左翼作家联盟的党团书记。在遭到国民党特务绑架和囚禁后，一度传言遇害，鲁迅听到这个误传的消息，还专门写文章悼念她。

苏区来了名作家，对钻了近 10 年山沟的中国共产党和红军来说，无疑是一件盛事。

中共中央以罕见的规格接待了丁玲，还用中宣部的名义在一个大窑洞里开了一个欢迎会。

那天，在保安的中共中央主要领导人毛泽东、张闻天、周恩来都来了。欢迎会后，毛泽东问丁玲愿意做什么工作，她回答："当红军。"毛泽东高兴地说："好呀，还赶得上，可能还有最后一仗。"

丁玲立刻随红一军团开往陇东前线去了。

她留给毛泽东一个很好的印象。

在庆阳前线，丁玲收到一首词，那是毛泽东用电报发来的，后来发表时题为《临江仙·给丁玲同志》——

> 壁上红旗飘落照，西风漫卷孤城。
> 保安人物一时新。
> 洞中开宴会，招待出牢人。
>
> 纤笔一枝谁与似？三千毛瑟精兵。
> 阵图开向陇山东。
> 昨天文小姐，今日武将军。

用电报写词，这在中外文学史上恐怕也算一桩奇闻。

毛泽东当时对投奔苏区的文化人寄望厚爱之深，由此可见。

不久，丁玲从前线回来，毛泽东又亲笔抄录了全词给她。

让毛泽东振奋的是，落照下的边关孤城，不再寂寞，因为有了新人的到来。

让毛泽东高兴的是，舞文弄墨的书生，也不再柔弱，因为她加入了阵图滚滚的洪流，从"文小姐"变为"武将军"。

更让毛泽东称道的是，一支能写雄文的"纤笔"，可以抵得上三千带枪的"精兵"。

有意思的是，正是在前线，诗人笔下的两个文武将军会面了。

丁玲采访了彭德怀，专门写了一篇题为《彭德怀速写》的报道，发表

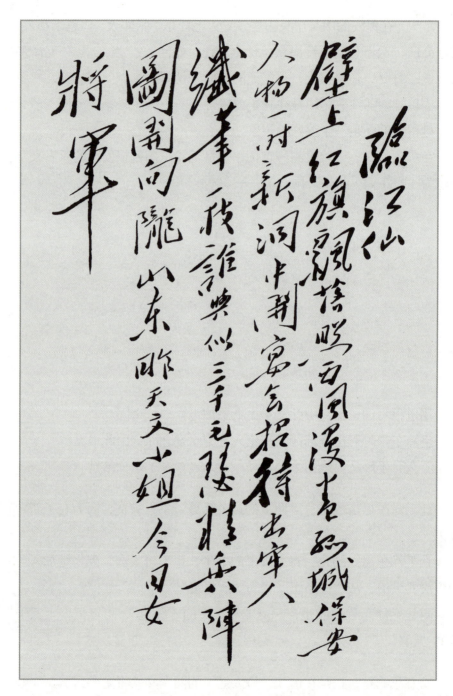

临江仙

壁上红旗飘落照，西风漫卷孤城。保安人物一时新。洞中开宴会，招待出牢人。

纤笔一枝谁与似，三千毛瑟精兵。阵图开向陇山东。昨天文小姐，今日武将军

毛泽东手书《临江仙·给丁玲同志》

在 1937 年 2 月 3 日的《新中华报》上面。文章旁边还配了一幅丁玲手绘的"彭大将军"的肖像画。

如此操执"纤笔"的文化人,自然是多多益善。

就在"洞中开宴会",欢迎丁玲到来的同时,中央决定成立一个文艺组织,以吸引更多的文化人来苏区,并把他们有效地组织起来。这个组织的名字,由毛泽东亲自命名为"中国文艺协会"。

1936 年 11 月 22 日召开成立大会那天,毛泽东在演讲中说了这样一段话:"过去我们都是干武的,现在我们不但要武的,我们也要文的了,我们要文武双全。"

1937 年 1 月,毛泽东离开住了一年多的保安县城,来到东南面一个叫延安的地方,住进城内凤凰山的一座窑洞。

延安,这座古老的西北边镇,曾演绎过多少风烟故事,留下多少文风武韵。

汉代"飞将军"李广曾在这一带驻守,阻击北方少数民族东进南下。

《三国演义》中那个善使方天画戟的勇将吕布,则生长于斯。他还在延安一带,收得了一匹"千里赤兔马",这马后来成为关云长的坐骑,也同关云长一样名垂青史。

流浪中的唐代诗人杜甫,在延安一带留下了"国破山河在,城春草木深。感时花溅泪,恨别鸟惊心"的千古名句。

北宋初年的杨家将,几代热血男儿,曾在这一带浴血奋战,上演幕幕悲剧。毛泽东后来住过的杨家岭,原来的名字就叫"杨家陵"。

还有文武双全的北宋名臣范仲淹,更是在这里写下了"塞下秋来风景异,衡阳雁去无留意"的传世名篇。

依然吹来历史古道的风,千载黄土的浪。

但历史的过客，都走远了。

虽然是边关故地，陕北延安却到处充满了新的生活。

全民族抗战正式爆发后，这里成了国民政府下辖陕甘宁"特区政府"的政治和文化中心。

正是在延安，通过非凡的理论创造，毛泽东思想——这一马克思主义中国化的伟大成果，横空出世。

毛泽东在延安走完了他成为中国共产党精神领袖的最后一段行程。

他虽然没再写诗，但诗词依旧是他不可或缺的语言故乡和充满诱惑的精神家园。

从"文小姐"到"武将军"的丁玲，曾这样回忆她在延安和毛泽东接触的情景——

"他常常带着非常欣赏的情趣谈李白，谈李商隐，谈韩愈，谈宋词。……他同我谈话，有几次都是一边谈，一边用毛笔随手抄几首他自己作的词，或者他喜欢的词。有的随抄随丢，有几首却给了我，至今还在我这里。"

一直保存在丁玲手里的，有一首毛泽东抄写的中华民国的开国元勋、武昌起义的大功臣黄兴的《临江仙》——

"十万貔貅驰骋地，那堪立马幽燕？羯奴何处且流连。毡庐迷落照，狼穴钻残烟。"

诗意浓郁的毛泽东，依旧不忘那金戈铁马的生涯。

1947 年 3 月，毛泽东果然再上马背，开始度过他一生中最后一段金戈铁马的岁月。

关系中国命运的大决战开始了。20 多万国民党军队大举进犯延安，以为占领了延安，便意味着共产党大势已去。

敌强我弱，毛泽东决定主动撤出。他说：我们要用延安换取整个中国。

后来的历史，印证了他的这个深刻预见。

当时，连外国人都看出来蒋介石一心攻占延安的不妥："蒋介石去拿延安，等于一个人花一大部分财产去买一条钻石项链，它光辉灿烂，但一无用处。"

毛泽东离开了居住整整 10 年的延安古城。

临走那天，他从地上捡起一块敌军轰炸延安的炮弹碎片，拿在手里掂了掂，说了一句："可惜了，是块好钢，可以打两把菜刀。"

接下来，54 岁的毛泽东，率领着小小的司令部转战陕北。

他骑着一匹大青马，或拄着一根竹竿，行进在延川、清涧、子长、子洲、佳县、靖边的垄埂沟头，指挥全国范围内的人民解放战争。在世界战争史上，这也是一场规模罕见的战争。

在陕北前线直接指挥打仗的，依然是"彭大将军"。

他率西北野战军在米脂县的沙家店打了一个大胜仗。高兴异常的毛泽东重新书写 12 年前写的"谁敢横刀立马，惟我彭大将军"，寄给了他。

转战陕北的毛泽东，站在高处举目四望，凹凸不平、寸草不长的黄土山峁，在阳光的抚摩下，犹如布满老人额头或深或浅的皱纹。

在看不到边的皱纹里，藏伏着历史的智慧，密锁着神秘的风采，孕育着生命的力量，记载着民族的兴衰。它们相互激荡化合，似乎酝酿出千滋万味的浓酒，被毛泽东一股脑儿地喝了下去。

这"浓酒"起了作用。

在枕戈待旦的日子里，毛泽东骑在马上重又找回了在长征途中一再迸发的诗情和想象。

停歇 10 年的诗笔，终于在 1947 年挥洒启动——

朝雾弥琼宇，征马嘶北风。

露湿尘难染，霜笼鸦不惊。

戎衣犹铁甲，须眉待银冰。

踟蹰张冠道，恍若塞上行。

这首《五律·张冠道中》，写的是穿雾迎风、披霜带露的行军感受。显然是有意识地汲取了唐人边塞诗中常见的秋漠朔气、秦月汉关、刀雪落照的意象。

唐人边塞诗开头往往是一身建功立业的豪气，而结尾时又难藏思乡的"边愁"。毛泽东这首诗则以"恍若塞上行"一句顿住，不再承接古人"将军百战征夫泪"的余情。

边关的战争渐渐奏起胜利的凯歌。随着沙家店、蟠龙镇几次大捷，到 1947 年 9 月，彭德怀率领的西北野战军已经扭转了陕北战局。9 月 29 日这天，适逢中秋佳节，略有闲暇的毛泽东写了一首《五律·喜闻捷报》——

秋风度河上，大野入苍穹。

佳令随人至，明月傍云生。

故里鸿音绝，妻儿信未通。

满宇频翘望，凯歌奏边城。

笔调有些像杜甫在"烽火连三月"时写的离乱之作。"故里鸿音绝，妻儿信未通"也像是杜甫诗句的化用，但出于毛泽东的手笔，则别样珍贵。于战乱中直白道出"家书抵万金"般想妻念儿之心，在他的作品中是绝少见的。

杜甫在"闻官军收河南河北"时，欣喜之状是"白日放歌须纵酒，青春作伴好还乡"，甚至畅快设想，"即从巴峡穿巫峡，便下襄阳向洛阳"。

诗人毛泽东在捷报传来时的感受，却是"满宇频翘望，凯歌奏边城"。儿女之情陡然转向风云之气，回到了政治家和军事家的本色。

春秋代序，万象更新。

在陕北转战一年后，1948 年 3 月 23 日，毛泽东戴着一顶半新半旧的棉帽，在陕西吴堡县川口村的园则塔渡口东渡黄河。

这是他第二次东渡黄河。

1936 年 2 月渡黄河，他曾经收获了千古绝唱《沁园春·雪》。

这次渡河，正值黄河凌汛，船到河心，水面骤然翻滚咆哮，巨浪挟着冰排滚滚袭来。站在摇摆不已的船上，毛泽东兴奋不已，禁不住高声吟诵起来——

"君不见黄河之水天上来，奔流到海不复回……"

然而，船上的马却没见过这惊涛骇浪的阵势。它们你挤我拥，只听一声嘶鸣，毛泽东的坐骑老青马被挤下黄河浊流。它在急流中顽强地挣扎，好像是舍不得离开陕北，不知不觉回头往西岸游去。

战马恋故土，不愿过河东，为历史留下了一桩轶闻。

望着西岸，毛泽东禁不住说了一句："马犹如此，人何以堪？"

毛泽东的坐骑老青马最终还是被人送过了黄河。

东渡黄河的毛泽东，没有像第一次渡河那样写诗。

东渡黄河的毛泽东，忙于指挥一场席卷全中国的战略反攻！

东渡黄河的毛泽东，书写的是一部改朝换代、改天换地的历史大书！

第十三章

开国气象

或许是人间正道的厚重和深远
吸引了毛泽东,他对自己的诗作反
倒不是特别在意。写完这首宣告国
民党政权终结的七律,诗人竟然毫
不经意地把它扔进了纸篓。倒是细
心的秘书田家英,从纸篓里把它捡
了出来。直到 1963 年编选《毛主
席诗词》的时候,毛泽东才如旧友
重逢一般见到这凝聚历史一瞬的文
字。否则,还真没有人知道他当时
的这段诗情了。

公元1949年，在中国大地上，一部曲折起伏、大气磅礴的史诗，顺理成章地演奏出它的动人高潮。

这年3月25日，导演这部史诗的毛泽东，住进了北平西郊的香山，一个中西合璧的院子。因为院内有两股清泉从石缝里日夜流淌出来，人们把这里叫作"双清别墅"。

他为什么不直接住进北平城里的中南海，有不同说法。但即将夺取天下的中共领袖，没有急匆匆地住进皇宫禁苑，多少同历史上那些马上得天下的成功者有不一样的地方。

熟悉历史的毛泽东，决心摆脱曾反复上演的改朝换代模式。

他说：我们到北平是赶考来的，考不上退回来就不好了。千万不要学李自成。

正是在双清别墅，他号召人民"将革命进行到底"，筹划了直捣黄龙的渡江战役。

国民党政府的"黄龙"，就是南京。

相传，三国时诸葛亮到了南京，曾感慨地说："钟山龙盘，石头虎踞，此帝王之宅也。"

三国时的东吴，以及随后的东晋和南北朝时期的宋、齐、梁、陈，一共有六朝帝王把都城建在了这里。

古都南京，在历史上也有了不同的名称：建业、石头城、秣陵、金陵……

每一个名字后面，似乎都诉说着王朝更替的沧桑。

它曾几度繁华，又几度衰凉。

不少古人来此，都掩抑不住怀古之情，生发今不如昔之慨。

唐代的刘禹锡来了，他在这里怀古："王濬楼船下益州，金陵王气黯然收。千寻铁锁沉江底，一片降幡出石头。"

宋代的辛弃疾来了，他在这里怀古："千古江山，英雄无觅，孙仲谋处。舞榭歌台，风流总被，雨打风吹去。"

元代的萨都剌来了，他在这里怀古："石头城上，望天低吴楚，眼空无物。指点六朝形胜地，惟有青山如壁。"

这以后，在元末农民起义中脱颖而出的朱元璋，把大明王朝的开国都城选在了南京。

这以后，太平天国的洪秀全把一个仅仅存在十多年的王朝都城定在了南京。

这以后，蒋介石的国民党政府也把自己的首都建在了南京。

明孝陵、天王府、总统府……

凝聚着多少历史风烟，铭刻着多少历史真谛。

1949 年 4 月的南京，又要见证一场天翻地覆的历史巨变。

4 月 21 日，中国人民解放军百万大军，在东起江苏江阴、西至江西湖口的 1000 多里的战线上，千帆竞发，万炮齐鸣，以摧枯拉朽之势，突破长江天险，捣毁敌军经营了 3 个多月的江防要塞，于 23 日占领了国民党政府的统治中心南京。

虽然不是"一片降幡出石头"，但当总统府屋顶上那杆飘了 22 年的青

天白日旗，在解放军官兵的欢呼声中被扯落下来的时候，倒也是"千寻铁锁沉江底""金陵王气黯然收"。

4 月 24 日这天，毛泽东拍下了一幅很有名的照片。

他坐在双清别墅院内廊下的木椅上，双腿并直，左手拿着一份印有特大字号"南京解放"的号外，低头注目凝看。

他这个时候想些什么呢？

他难道还会像古人那样，去抒发泛泛的思古幽情吗？

他不需要了。

他要抒发的，是一曲今胜于昔的人间正道之歌——

> 钟山风雨起苍黄，百万雄师过大江。
> 虎踞龙盘今胜昔，天翻地覆慨而慷。
> 宜将剩勇追穷寇，不可沽名学霸王。
> 天若有情天亦老，人间正道是沧桑。

这首《七律·人民解放军占领南京》，是毛泽东写的最后一首战争诗。

全诗纪实言理，酣畅淋漓，犹如渡江战役本身，给人势如破竹的感觉。毛泽东的感情、才气和思想，也一气呵成、一泻千里。

诗人抛却了前人的怀古之思，以"虎踞龙盘今胜昔，天翻地覆慨而慷"的黄钟大吕之声，来抒发自己对未来南京的美好憧憬和信心。在诗人看来，南京获得新生，是人民的胜利，也是历史的胜利。

诗人那精骛八极、视通千古的目光，也不会局限在一次战役的视野之中。

在大胜大喜的日子里，他的思绪似乎越加冷峻——楚汉相争时西楚霸王息兵罢战的教训如在眼前，因此要"宜将剩勇追穷寇"！

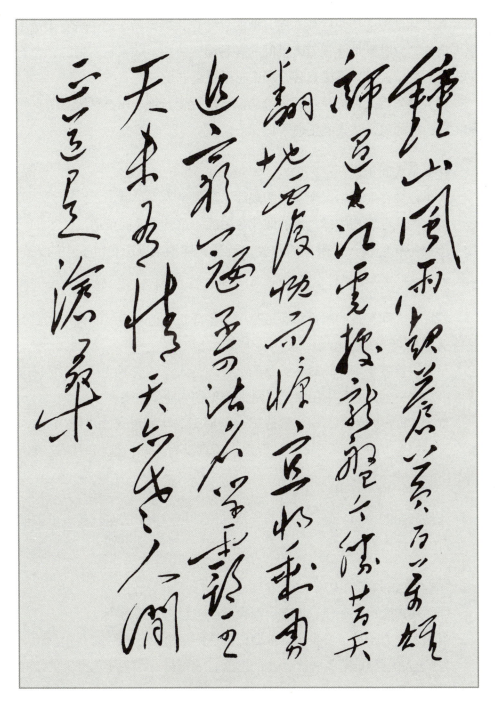

毛泽东手书《七律·人民解放军占领南京》

在天翻地覆的历史巨变面前，他的思绪也飞得更为深远——苍天是冷漠无情的，它默默地注视着人世间的各种演变更新。如果它有情的话，看尽人世的生生灭灭，盛盛衰衰，那么它早就衰老了。

诗人要告诉人们的是：天地沧桑，世事更变，绝非由冥冥天意所支配和主宰，靠的只是"人间正道"！

什么是人间正道？

人类社会在变革中实现进步的规律，这就是人间正道。

新生的战胜腐朽的，先进的取代落后的，这就是人间正道。

蒋家王朝的覆灭，南京的解放，就是天地沧桑、历史巨变中的人间正道。

或许是人间正道的厚重和深远吸引了毛泽东，他对自己的诗作反倒不是特别在意。

写完这首宣告国民党政权终结的七律，诗人竟然毫不经意地把它扔进了纸篓。倒是细心的秘书田家英，从纸篓里把它捡了出来。

直到1963年编选《毛主席诗词》的时候，毛泽东才如旧友重逢一般见到这凝聚历史一瞬的文字。否则，还真没有人知道他当时的这段诗情了。

光昌流丽的诗句，好像壮丽的长河涌流，把一个旧的时代卷走了，把一个新的时代推来了。

"中华人民共和国中央人民政府成立了！"

那时候，无论你在什么地方，都会有一种特别的感受。

中国人，无论过了多少年，都会记得这样一个声音。

"中华人民共和国"，一个新生的国家，无疑是诗人毛泽东平生创作的最辉煌的作品。

为了这部作品的诞生——

鸦片战争以来的仁人志士追寻了一个世纪。

毛泽东，也在山沟里，在窑洞中，在枪声里，在马背上，倾注了一腔才情，半生心血。

新中国开国前夕，毛泽东从香山的双清别墅搬到了城里的中南海，住进了丰泽园。

丰泽园后靠岸柳依依的中海，面对碧波涟漪的南海，西邻假山叠翠、溪流潺潺的静谷。一进丰泽园大门，是它的主体建筑，叫颐年堂。新中国成立初期，毛泽东和中央领导人常在这里开会。

顺颐年堂往里走，东边的一个四合院，叫菊香书屋，庭院里有老槐苍柏，常有鸟雀盘桓其间，发出啾啾语鸣。这里早先是清朝皇宫藏书的地方。

油画《求索》细腻地展现了毛泽东在中南海菊香书屋读书的情景（魏楚予作品）

对一身儒气的毛泽东来说，住在这里再适合不过了。

他在这里一住就是 17 年。1966 年夏天，毛泽东从南方回京，发现菊香书屋被重新装修，很不满意，随后住进中南海里游泳池改成的工作休息场所，直到 1976 年去世。

马背生涯彻底结束了。

但历史变迁的人间正道，仍然在拓展和延伸。

于是，便有了这样一个经典的时刻。

1950 年 10 月 3 日晚上，到北京参加国庆一周年典礼的 150 多名少数民族代表，汇集到了中南海里的怀仁堂。

他们向毛泽东献上了哈达、伞、帽子等各种各样的礼物，献上了少数民族的无限深情。从毛泽东那明朗的笑容里，不难看出，他对新中国这一良好的开局，感到多么舒心。

的确，如此"太平大同"的和睦景象，如此民族大团结之盛况，在中国的历史上，从唐代以后，便很少见了。

少数民族献礼大会结束后，西南各民族文工团、新疆文工团、吉林省延边文工团、内蒙古文工团联合演出了歌舞晚会。毛泽东兴致勃勃观看演出，他的前排，正好坐着近代中国旧体诗坛领袖柳亚子。

毛泽东高兴地对他说："这样的盛况，亚子先生为什么不填词以志盛呢？我来和。"

让人作词，主动要唱和，这在毛泽东的诗人生涯中，恐怕是唯一的一次。

诗情高涨的柳先生，即席赋了一首《浣溪沙》——

"火树银花不夜天。弟兄姊妹舞翩跹。歌声唱彻月儿圆。不是一人能领导，那容百族共骈阗？良宵盛会喜空前。"

第二天，毛泽东便派人给柳先生送来了一首《浣溪沙》的和词。

如果说，柳先生之词，着眼于眼前的翩跹舞蹈和月圆歌声，那么，毛泽东的思绪则穿越历史时空，又一次去触摸天地沧桑的人间正道——

> 长夜难明赤县天，百年魔怪舞翩跹，人民五亿不团圆。
> 一唱雄鸡天下白，万方乐奏有于阗，诗人兴会更无前。

上下两阕，分述古今。

国家巨变，从分裂到统一，从隔膜到和睦，从动乱到太平，恰如黑白之分，天地悬隔。这就是毛泽东要表达的诗情，这就是遵循人间正道的新中国所发生的变化，所拥有的开国气象。

中华民族是一个大家庭。

它犹如一棵盘根错节、虬枝茂叶的参天大树。

疆域是它生存的土地，历史是它的根须，不同的语言是它的枝叶，不同的民俗是它的色彩，所有的成员是它结下的果实。

而国家的统一，各民族的团结，则是它得以永葆繁茂的生命源泉。

"万方乐奏有于阗。"《浣溪沙·和柳亚子先生》里说的"于阗"，是新疆西南部的一个县名，古时候是西域的一个国名，西汉时归附中央政府。毛泽东在词里提到它，实写新疆歌舞团在献礼大会上表演的节目，言下之意，连古称"于阗"的偏远之地都献歌献舞，怎能不是"万方乐奏"的大团结景象呢？

有意思的是，在于阗（今改称于田），还真的出现了一桩让毛泽东兴奋的奇事。

有一个叫库尔班的老人，四处打听，"毛主席是一个地方，还是一尊神，还是一个人？"人们告诉他，毛主席是中国的领袖。他就问："我从巴

依（地主）那里分到了 14 亩地，这件事毛主席知不知道？"此后，他几次三番要带着土特产、骑着毛驴上北京"见毛主席"。

库尔班老人真的来到了北京，受到毛泽东的接见。

人间正道的叙事诗，竟是这样绵延博大。

1950 年，西班牙现代派绘画大师毕加索的《和平鸽》，随着第二次世界和平大会的召开，迅速飞遍全球。

与此同时，中国的《和平鸽》也翱翔在北京中南海怀仁堂的舞台上面。

就在少数民族献礼大会的第二天晚上和第三天晚上，柳亚子又两次来到中南海怀仁堂，观看由欧阳予倩编导、戴爱莲主演的新中国第一部现代舞剧《和平鸽》。

这是一出鲜明地反对战争、呼吁和平的剧目。

联想到当时爆发的朝鲜战争，美国组织"十六国联军"出兵干预，甚至把战火烧到了中国的鸭绿江边。柳亚子禁不住再赋一首《浣溪沙》——

白鸽连翩奋舞前。工农大众力无边。推翻原子更金圆。
战贩集团仇美帝，和平堡垒拥苏联。天安门上万红妍。

就在这歌舞升平的时刻，毛泽东的内心却承受着巨大的压力，他必须作出一项对中国、对世界都有着重大影响的抉择。

是出兵参战，抗美援朝，还是隔岸观火，被动地乞求和平？

就是在最高决策层——中央政治局的会议上，也是意见不一，难下决断。

毛泽东曾有多少个踌躇再三的不眠之夜。

难在何处？

国内战争刚刚结束，虚弱百废的经济正待收拾。人们更担心"引火烧身"，把新建立的国家打烂，苏联领导人也是犹豫退缩。

更重要的是，中国军队同美军的实力相差太远。1950年，美国的钢产量达到8700万吨，而中国只有61万吨；美国军队一个军有3000门火炮，我们的志愿军每个军才有500门火炮。

反反复复之后，从不信邪的毛泽东下定决心。

1950 年 10 月 8 日，他发布了让整个世界震惊的命令：出兵援朝。

这大概是毛泽东作出的一生中最难作出的决策之一，但很快被事实证明是英明和富有远见的。

在盛会上，毛泽东洋溢着诗人的浪漫。

在地图前，他沉浸在军事家审慎和周密的思考之中：中国人民志愿军入朝作战的第一仗，应该在哪里打，应该怎样打？

他选在了朝鲜西北部的妙香山，接连给志愿军司令员彭大将军发去了几封电报。

11 月 6 日，前线便飞来捷报，我军在妙香山歼敌 15000 人。

与此同时，毛泽东读到了柳亚子在中南海怀仁堂观看舞剧《和平鸽》后写的《浣溪沙》。

承续前一首《浣溪沙》和词的兴致，毛泽东又和了一首——

> 颜斶齐王各命前，多年矛盾廓无边，而今一扫纪新元。
> 最喜诗人高唱至，正和前线捷音联，妙香山上战旗妍。

一生追求光明和民主，做人做事不拘小节的柳亚子，向来傲视权威。毛泽东由他而联想到了战国时期一个叫颜斶的处士。

一次，齐宣王召见颜斶时，齐宣王让他到自己跟前来，而颜斶却让齐宣王到自己跟前来，由此发生争执，各不相让。

历史故事给毛泽东的启示是：在旧中国，执政的国民党政权要其他政党都依顺于它，听命于它，而中国共产党和各民主党派却反对独裁，矛盾斗争多年未息。只有在新中国，那种颜蠋和齐王之间的对立状态才一扫而光了。

更让毛泽东欣喜的是，他在柳亚子的《浣溪沙》里，看到了诗人对美军的声讨，对中国人民的力量和中国共产党的领导的热情赞颂。

正好是妙香山大捷两天前，11月4日，国内各民主党派发表了一个《联合宣言》，郑重宣布：坚决拥护志愿军反对美国侵略者的斗争。

大敌当前，中国人民的团结经受住了考验。

新中国各民主党派同中国共产党和衷共济的关系，开辟了历史的新纪元。

志愿军成功抗击了以美国为首的"十六国联军"。

抗美援朝战争，打出了中国军队一百多年来在世界战争舞台上一次最为出色的表现，打出了已经持续了整整半个世纪的中国东部边境的稳定和安详。

设想，如果当初中国不管，让美军摆在鸭绿江一带的边境上，那将是什么样一幅景象啊！

那正是志愿军司令员彭德怀将军说的：他们随时有借口侵略我们。

诗友之间的联唱，前线的佳音，仿佛在毛泽东胸中奏出一曲欢愉的乐曲。

从中国天安门的红旗，到异域妙香山的战旗，仿佛再一次诉说着人间正道的真理，诉说着中华人民共和国的开国气象——

一盘散沙、任人宰割的历史，在中国，永远结束了。

第十四章

大海边的
坐标

　　在浪涌万叠之中，毛泽东几次被打倒，几次被冲上沙滩，但他仍然在浪峰下面钻来钻去，游了一个多小时。面对威猛耸立的浪潮，卫士们照例奋力地前挺后挡，但也照例地被浪涛打下抛起，甩回了沙滩，就是在毛泽东身边，也不想站起来了。毛泽东却说："怎么站不起来了呢？这点水浪难道比刘戡的七个旅还凶吗？"

第一次看见大海的人，心里的感受肯定不会静如古潭。

当呼啸翻卷的猛涛恶浪冲你奔袭而来的时候，会出现两种对立的感觉：或惊惑、提防，意识到自身的渺小；或抗拒、搏斗，唤起一种豪迈。

在无涯的水天一色的茫茫围困中，你会意识到自身的局限，感到窘迫。

当你尽力舒展想象，用自己的胸怀去包容对象时，你又会发觉自身的无限。

1700 多年以前，一位中国历史上赫赫有名的人物，曾遭遇了大海，他把自己的心境提升到了豪迈的境界，并写下了一首千古名篇。

他就是曹操。

公元 207 年，曹操挟带官渡之战中大败袁绍的声威，远征幽燕辽海的塞外之地乌桓。

这是能否统一北方的关键一役。曹操跃马挥鞭，劳师北伐，又是大获全胜。这年秋天，他在班师凯旋途中，路过山海关北戴河一带。

夕阳西下，秋风阵阵，他登上渤海岸边的碣石山，近观沧海，巨浪与礁石相撞，发出振聋发聩的狂吼。或许是第一次看到大海，戎马一生的曹操感受到了空前的震撼。

不知不觉，已是星汉灿烂。极目远眺，那忽上忽下、忽明忽暗的星星，究竟是在海里，还是在天空，已经分不清楚了。

辽阔的沧海壮景，似乎衬托着曹操的胸怀，显现着他叱咤风云的气概和艰苦征战取得胜利后的喜悦。

于是，一首《观沧海》诞生了——

"东临碣石，以观沧海。水何澹澹，山岛竦峙。树木丛生，百草丰茂。秋风萧瑟，洪波涌起。日月之行，若出其中。星汉灿烂，若出其里。幸甚至哉，歌以咏志。"

"往事越千年。"在一个新时代到来以后，有人想起了曹操。

1950年9月，毛泽东青年时代的同窗好友周世钊受邀到北京参加国庆一周年观礼。乘车路过河南许昌时，他特意到许昌旧城遗址去看了一下。

1918年夏天，刚刚走出校门的毛泽东、罗章龙、周世钊等20多个青年，第一次到北京时，因为大水冲断了铁路，列车在河南郾城停了下来。作为汉魏古都的许昌旧城，便在附近。毛泽东提议到曹操建都的许昌县张潘镇古城村去凭吊一番。

旧城在南北朝时期便毁于兵火，诗人们反复吟咏过的汉魏宫阙，早已荡然无存。满目荒凉之中，内外城垣倒也依稀可辨。

登临凭吊，毛泽东和青年朋友们自是感慨万千，不觉背诵起曹操的《短歌行》和《让县自明本志令》。

在遗址面前，毛泽东和罗章龙还联句作了一首诗——

横槊赋诗意飞扬，《自明本志》好文章。
萧条异代西田墓，铜雀荒沦落夕阳。

命运似乎有意要给毛泽东一个机会，让他在告别青春，寻找人生新途

的时刻，对一直倾心的历史和历史上的英雄，作一个诗意浓浓的顾盼，来一次壮思遄飞的共鸣。

32年后，周世钊重又来此，所见却是另外一番景象。那里的烟厂正收烟叶，农民肩挑车送，田里遍是豆苗，一派兴旺景象。

一首《五律·过许昌》在周世钊胸中油然而生——

"野史闻曹操，秋风过许昌。荒城临旷野，断碣卧斜阳。满市烟香溢，连畦豆叶长。人民新世纪，谁识邺中王！"

铜雀萧条已成异代，陈迹一扫，纪元新开。人们大概已经不知道"邺中王"曹操了。

周世钊把这首诗寄给了毛泽东。

毛泽东还记得曹操吗？

收到周世钊这首《过许昌》，显然勾起他青年时代风尘寻访许昌旧城遗址的往事。过了几年，在给周世钊回信中，他还说："时常记得'秋风过许昌'之句。"

在中国古代人物中，曹操大概是毛泽东最为推崇者之一。因为曹操不仅有武治功业，还有文采风骚。他多次说过，"曹操是个了不起的政治家、军事家，也是个了不起的诗人。"

说起曹操，人们总能想起那个月明星稀、乌鹊南飞的夜晚，一位在长江大船上横槊赋诗、对酒当歌，高唱"山不厌高，水不厌深，周公吐哺，天下归心"的一代英雄。

毛泽东推崇曹操的政治功业。

他说：曹操统一北方，创立魏国，抑制豪强，实行屯田，兴修水利，发展生产，使遭受破坏的社会开始稳定和发展，是有功的。说曹操是奸臣，那是封建正统观念制造的冤案，这个案要翻。

他支持郭沫若等人为曹操翻案的文章，还特别称赞郭沫若歌颂曹操的话剧《蔡文姬》。

毛泽东称赞曹操的军事才能。

在汉末群雄竞起之时，曹操讨董卓、除袁术、破吕布、败刘备、灭袁绍、降张绣、征乌桓，四处纵横，扫荡群雄。特别是在统一北方的关键之役——官渡之战中，创造了以少胜多的军事奇迹。

这些都不能不使毛泽东感到心心相印。在战争年代，他领导的军队不就长期处于弱势吗？于是，他把"官渡之战"写进了自己最著名的军事著作《论持久战》。

毛泽东还欣赏曹操在诗歌史上的贡献。

作为建安文学的始祖，曹操开一代诗风，他的诗歌古直悲凉，"如幽燕老将，气韵沉雄"。毛泽东对人评价说："曹操的诗，气魄雄伟，慷慨悲凉，是真男子，大手笔。"还说：曹操的文章和诗歌，"极为本色，直抒胸臆，豁达通脱，应当学习"。

闲暇时刻，毛泽东圈阅曹操的诗，书写曹操的诗。

1954年夏天，毛泽东来到了1700多年前曹操观海赋诗的地方。

他站在了北戴河的大海岸边。

曹操离他似乎更近了。

曹操的碣石之行，观海之诗，犹如历史老人在大海边栽种下的一个坐标，撩得毛泽东怦然心动。

7月23日那天，他特意给女儿李敏、李讷写信说："北戴河、秦皇岛一带，是曹孟德到过的地方。他不仅是政治家，也是诗人。他的碣石诗是有名的。"

这里说的"碣石诗"，就是《观沧海》。

这也许是喜欢大海的毛泽东第一次真正地看到大海。

30 多年前，他在北京大学当助理图书管理员时，为了看大海，曾专门坐火车到天津的塘沽，因为是冬天，他看到的只是一片冰封雪冻的死寂滩涂。

也许，他后来在广州、在上海看到过海，但那是城市环抱的海，是江河的入海口，只能说是看到了海水。

如今，他看到了一个坦露胸襟、毫无保留的大海。

在碣石山下，大海岸边，52 岁的曹操在"观"沧海。

在同样的地方，年过花甲的毛泽东，却是在"游"沧海。

一次，台风驱散了暑气，也卷来了狂风暴雨，堆起了癫狂的海潮。他不顾工作人员的劝阻，照例下海游泳。

在浪涌万叠之中，毛泽东几次被打倒，几次被冲上沙滩，但他仍然在浪峰下面钻来钻去，游了一个多小时。

面对威猛耸立的浪潮，卫士们照例奋力地前挺后挡，但也照例地被浪涛打下抛起，甩回了沙滩，就是在毛泽东身边，也不想站起来了。

毛泽东却说："怎么站不起来了呢？这点水浪难道比刘戡的七个旅还凶吗？"

"刘戡的七个旅"，那是转战陕北时面临的最强大的敌人。

这就是喜欢大海的毛泽东。在与风浪搏击中，他总是拥有着在严酷挑战中奋勇拼搏的感受。

毛泽东后来向人们宣传说："我到过北戴河，七级台风，在大海里游泳很舒服，平时没有一点风浪，游起来倒很吃力，那要一步一步地爬。"

作为一个大政治家，毛泽东作出挑战和接受挑战时，选择目标和实现战略时，他不谈怀疑，只谈坚信。

他的挑战方式和他的目标一样豪迈壮丽，他的顽强和他的任性一样执着惊人。

这种挑战和应战的特殊风格，成就了毛泽东，使他在任何逆境中都不气馁并能去争取胜利。

他太喜欢游泳了。他一生最喜欢的锻炼方式，大概就是游泳。

在青年时代，他不仅游水，甚至要"游风"，并发明了一种"风浴"。

什么是"风浴"，如今已无从知晓了。

或许，从毛泽东的同窗好友张昆弟1917年9月23日的日记中，可以知道个大概——

"今日早起，同蔡、毛二君由蔡君居侧上岳麓，沿山脊而行，至书院后下山，凉风大发，空气清爽。空气浴、大风浴，胸襟洞澈，旷然有远俗之概。"

事实上，很少有人能够接受这种看起来是突发奇想的"风浴"。

毛泽东只好在学校里组织起一个有100多人参加的游泳队，晚饭后，披着太阳余晖或迎着寒风，散入江中舒臂击水。

自信人生二百年，会当水击三千里。

毛泽东晚年曾回忆说，他当时写了一首游泳的诗，都忘记了，只记得上面这两句。

击水之中，张扬的是一种自信的人生。

毛泽东从韶山老屋前面那一方池塘游起，一直游到了大海。

毛泽东从乡间走出，一直走向了天安门城楼。

他的一生，不正是挑战风浪、击水江河的一生吗？

因为他是罕见的风浪挑战者，于是他成了合格的时代弄潮儿。

弄潮儿和大海不再对立，甚至同大海的广阔和风浪有了一种共鸣，一

种亲近，有了一种融为一体的感觉。

在搏击中，毛泽东最大限度地舒展自己的情感想象，体会到历史巨变中那种特有的深沉和惬意——

> 大雨落幽燕，白浪滔天，秦皇岛外打鱼船。
> 一片汪洋都不见，知向谁边？
>
> 往事越千年，魏武挥鞭，东临碣石有遗篇。
> 萧瑟秋风今又是，换了人间。

这首《浪淘沙·北戴河》，是毛泽东在新中国成立后写得最好的一首词。

上阕写景，景中有情。

视通万里，舒卷风云之色，在海天一体中，关切地寻问汪洋之中的一只小船。

下阕写史，史中有意。

思接千载，吐纳珠玉之声，在瑟瑟秋风之中，怀想那历史的沧桑。

这是风物依旧、人事全非的沧桑。

毛泽东仅仅是在自然的大海里游泳吗？他难道不也是在历史浪潮中搏击？

统一北方、凯旋而归的曹孟德，踌躇满志，来到雄关阔海面前，所见所写，一派壮景博思。

同样具有包天容地胸怀的毛泽东，则有别具一格的历史吟咏。

他或许比历史上的风流人物更有理由自信，更有理由豪迈。

来北戴河之前，他对身边的工作人员说："好吧，我们到海边去，中国的社会主义建设高潮就要来到了，我们到有潮水的地方去。"

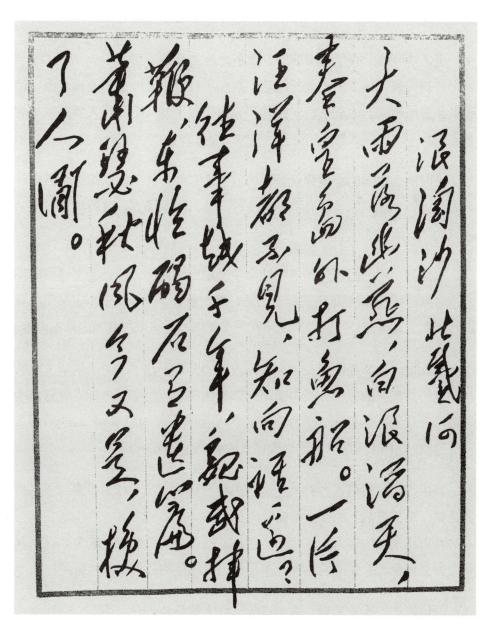

浪淘沙　北戴河

大雨落幽燕，白浪滔天，秦皇岛外打鱼船。一片汪洋都不见，知向谁边？

往事越千年，魏武挥鞭，东临碣石有遗篇。萧瑟秋风今又是，换了人间。

毛泽东手书《浪淘沙·北戴河》

据工作人员回忆，毛泽东说这些话的时候，两眼闪闪发光，带着心潮澎湃而又扑朔迷离的神情，似乎对未来充满着浪漫主义的诗意构想。

进入 20 世纪 50 年代中期的毛泽东，最为舒心。

自抗美援朝结束后，他把注意力放在了社会主义改造和建设上面，诸项事业进展顺利。他坚信在中国共产党的领导下，一个几代人梦寐以求的强盛的新中国，将巍然屹立在世界的东方。

这时候，中国的经济建设呈现出前所未有的好势头。以第一个五年计划为标志，大规模的建设高潮一浪高过一浪。国泰民安，政府廉洁，社会风气焕然一新。

这时候，中国已经开始走向社会主义制度的大门。社会主义过渡时期的总路线已经在 1953 年正式提了出来，对农业、手工业、资本主义工商业进行社会主义改造，并努力实现国家的工业化，是这个总路线的基本内容。

来北戴河前，他刚刚在中央人民政府的会议上作了《关于中华人民共和国宪法草案》的报告。新中国第一部宪法就要产生了，外国人说这是中国迈入近代国家的标志，毛泽东称它为"治国安邦的总章程"。他号召人民经过 50 年的时间把中国建设成伟大的社会主义国家。

新中国成立后通过各种措施进行的社会变革，在毛泽东看来，不是自我感觉"幸甚至哉"的曹操所能够比拟的。

在曹操来过的地方，在大海里游泳。这一望无涯的空间物象，这沉甸甸的历史风色，怎能不装进毛泽东那用追古思今的诗句编织的胸怀！

万顷波涛，千岁沧桑，百年辛酸，几十载奋斗——
同样是风物依旧——"萧瑟秋风今又是"！
毕竟却人事全非——"换了人间"！

第十五章

击水新唱

渐露真容的"西江石壁",你知道吗?半个世纪前,有一位诗人,为你的诞生,曾经热情讴歌,曾经魂牵梦萦,曾经中流击水……渐露真容的"西江石壁",你知道吗?这个叫毛泽东的诗人,因为生前没有看到你的真容,曾遗憾地说:"将来我死了,三峡工程修成以后,不要忘了在祭文中提到我呀!"

毛泽东登过中华大地数不尽的山峰，也游过中华大地无数的江河。

在湖南，他游过湘江；在广州，他游过珠江；在广西南宁，他游过邕江；在浙江杭州，他游过钱塘江；在江西南昌，他游过赣江；在湖北武汉和安徽安庆，他游过长江……

在没有大江大河可游的时候，他就游北京的十三陵水库、江西的庐山水库、湖南的韶山水库、武昌的东湖……

曾经有一个说法，说毛泽东敢于向任何江河挑战，就是不愿游黄河，因为他不能藐视这条母亲河。

事情真的是这样的吗？

听听他 1959 年 9 月在济南黄河岸边同山东省委书记舒同的一段对话吧！

毛泽东："全国的大江大河我都游过了，就是没有游过黄河。我明年夏天来济南横渡黄河。"

舒同："黄河泥沙太多，不便游泳。"

毛泽东："有一点泥沙怕什么，上来一冲就没有了。"

舒同："黄河旋涡太大，太多。"

毛泽东仍不甘心："旋涡也没有什么可怕的。总之，我明年 7 月下旬或 8 月上旬来游。"

　　不知道什么原因，第二年夏天毛泽东没有能实现他的这个愿望。这成为他的一大遗憾。

　　让毛泽东遗憾的还有，他畅想到国外去游大江大河的愿望也没有实现。

　　他曾渴望到孕育东方古老文明的其他河流中去体会一番。

　　1960年，他对来访的尼泊尔首相柯伊拉腊提出了到尼泊尔游泳的想法。柯伊拉腊回答，去尼泊尔要经过印度。毛泽东说：那更好，我也想到恒河去游一游，只要让我游，我一定去。

　　他曾渴望到洋溢着现代资本主义精神的西方河流中去体会一番。

　　也是在1960年，他和来访的美国老朋友斯诺进行了一次关于游泳的对话。

　　斯诺："1936年在保安，你曾说过想到美国一游，不知现在还有没有这个兴趣？"

　　毛泽东："我希望在不太老之前，能够到密西西比河去游游泳。但这是一厢情愿，华盛顿政府会反对。"

　　斯诺："如果他们同意呢？"

　　毛泽东："如果那样，我可以在几天之内就去，完全是一个游泳者，不谈政治，只在密西西比河游一下。"

　　这就是不会事事循规蹈矩、胸中常怀奇异想法的毛泽东。

　　在现实中，以领袖之尊，以事务之繁，以政治之复杂，毛泽东当然不是什么时候、什么地方都能去畅游一番的。

　　不过，正是在关于游泳的畅想中，在同至刚至柔、变幻莫测的江河大水的对话中，毛泽东常常会触发灵感，并富有个性地表达他的兴趣，传达他的思想。

于是，一些看起来无关紧要的爱好和兴趣，经过诗心的糅合，便有了格外的意味。

比如——

游泳里面有哲学。

毛泽东说：水是个好东西，它有力量把人浮起来。这叫抵抗力。但人在通过它时，能够把水压下去，结果人就浮在上面了。我研究了水的脾气，水怕人，不是人怕水。

游泳里面有人生。

毛泽东号召青年人敢于到大江大河的风浪里去锻炼成长。从那个年代过来的人，大概都知道或响应过这一号召。

游泳里面有军事。

毛泽东多次提出，"部队要学游泳。单靠游泳池不行，要学会在江海里游，不经过大风大浪不行""学游泳有个规律，摸着了规律就容易学会。整营、整团都要学会全副武装泅渡"。

他还找到了军人必须学会游泳的历史上的依据。

《湘军志》记述曾国藩的湘军在九江、湖口一带被太平军打败，许多官兵溺水淹死。读到这里，毛泽东禁不住提笔批注："水军应学游泳。"

游泳里面还有政治。

毛泽东说："有些同志怕群众跟怕水一样。你们游水不游水呀？我就到处提倡游水。水是个好东西。""打个比喻，人民就像水一样，各级领导者，就像游水的一样，你不要离开水，你要顺那个水，不要逆那个水……不能跟群众对立，总要跟群众一道……不要脱离他，等于我们游水一样不要脱离水。刘备得了孔明，说是'如鱼得水'，确有其事……群众就是孔明，领导者就是刘备。"

"上善若水""天下之至刚者莫若水，天下之至柔者莫若水"。《老子》一书对"水德"的赞美，是哲人的成熟智慧。

毛泽东对"人水关系"的推崇，则显其诗文匠心、人生观念、政治经验、哲人思辨和军事智慧的圆通组合。

如果说，翻越无数山峰的毛泽东，曾经踩出一条中国革命的胜利之路，那么，渴望搏击江河风浪的毛泽东，则亲身体验到胜利后的中国发生的变化，是那么地让人欣喜异常。

于是，他禁不住唱出新的赞歌——

　　才饮长沙水，又食武昌鱼。

　　万里长江横渡，极目楚天舒。

　　不管风吹浪打，胜似闲庭信步，今日得宽余。

　　子在川上曰：逝者如斯夫！

　　风樯动，龟蛇静，起宏图。

　　一桥飞架南北，天堑变通途。

　　更立西江石壁，截断巫山云雨，高峡出平湖。

　　神女应无恙，当惊世界殊。

毛泽东曾对人解释说，这首写于 1956 年 6 月的《水调歌头·游泳》，"是反映社会主义建设的"。

毛泽东好游泳，而这是他唯一一首以游泳为题的诗作。

新中国成立后，毛泽东好颂歌，而这是他唯一一首吟咏工业建设题材的诗作。

1954 年夏天写《浪淘沙·北戴河》的时候，社会主义改造运动刚刚开始。

1956 年夏天写这首《水调歌头·游泳》的时候，社会主义改造运动

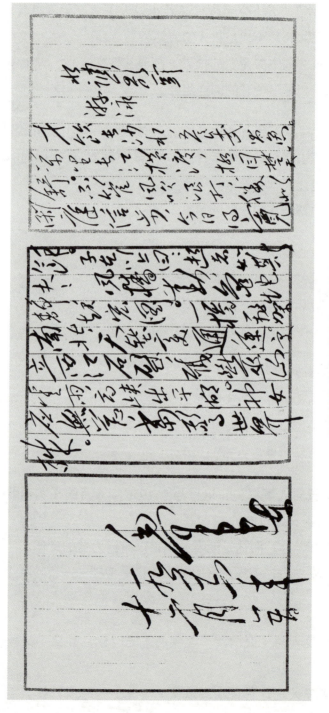

毛泽东手书《水调歌头·游泳》

基本结束，全面建设社会主义的时代到来了。

1956 年 5 月，毛泽东离开北京南下前，刚刚作完著名的《论十大关系》的报告。

新的探索、新的思路、新的目标，是如此诱人，如此若明若暗地在前面召唤着中国人，激发着毛泽东以创新精神去实践它，接近它。

这次南下，毛泽东先是到了广州，随后从广州北返。5 月 30 日那天，他在长沙畅游了湘江，旋即到了武汉。

还在广州的时候，他就提出了要在武汉游长江的计划，还派人先到武汉去测试长江水情。

长江，似乎承载着一个民族太多的沧桑、太多的梦想、太多的期望。

毛泽东情系长江，已经好多年了。

新中国成立后的第一个国庆节那天，他在中南海听取邓子恢、薄一波关于长江中游荆江分洪工程的汇报时，要求"争取荆江分洪工程胜利"完成。这个决策，开始了治理长江的序幕。

1953 年 2 月，毛泽东又乘坐"长江号"军舰，从南京到武汉，一路考察长江水情，萌生出把三峡"壶口"扎起来，修建既防洪又发电的引水工程的设想。

1954 年夏天，就在毛泽东畅游北戴河海面的时候，南方的长江发生百年不遇的大水，沿岸 3 万多人葬身鱼腹。这一洪灾，加速了论证三峡工程的决策。

与此同时，在武汉，一座横跨长江南北的大桥工程也紧锣密鼓地开始建设了。

毛泽东 1956 年 5 月 31 日这次来武汉，目的之一就是向有关专家了解工程的设计和经费预算。

为长江而来，自然要到中流击水。

6月1日，他下水了。

6月3日，他下水了。

6月4日，他又下水了。

这是毛泽东第一回在长江里畅游。

毛泽东身边工作人员张耀祠，曾回忆这次在武汉游泳的情景："堤岸上聚集着一群观看江中游泳的人们，他们不清楚江中有毛主席在游泳，指指点点，七嘴八舌地议论。有的说：'今天天气这么冷，风这么大，居然还有人游泳！'有的讲：'是掉了什么东西，你看还有三条船，肯定是在打捞什么宝贝！'也有人说：'可能是在训练出国比赛吧！'还有人讲：'他们在游泳锻炼，可能是为了准备打仗。'"

人群的围观和猜测，更使毛泽东游兴勃勃。

他游的哪里是一江激流，分明是一片任人驰骋的自由天地。

苏东坡坐船游长江，禁不住低吟："哀吾生之须臾，羡长江之无穷。"

孔夫子面对滔滔东去的河水，禁不住感慨："逝者如斯夫，不舍昼夜。"

在古代诗人和哲人的感觉中，不分白天黑夜，总是匆忙奔流的永恒江河，似乎把人生衬托得格外短暂。

浪淘尽千古风流人物的长江，似乎注定要见证改天换地的伟大时代。

30年前，毛泽东曾伫立长江边上的黄鹤楼，所见是"沉沉一线穿南北"的满目苍凉和"龟蛇锁大江"的沉郁。因为他那时的心情是苍凉的。

如今，正在修建的长江大桥的桥墩，有如宏图一般耸立在水面。在江中挥臂击水，于风吹浪打之中，毛泽东悠然地从桥墩旁边游过。

他一面游进，一面仰望。

还是楚地的天空，还是江城的风物，却这般辽阔，任人舒展。

虽风浪迭起，他依然从容，掩抑不住一贯的自信和潇洒。

在自信和潇洒中，毛泽东的目光飞越眼前，沿江而上，由东往西，到达巫山云雨的三峡一带。

那是几代人都梦想过要修建大坝的地方。

1925年，伟大的民主革命先行者孙中山溘然长逝。宋庆龄要求在孙先生的汉白玉卧像前刻上他泼墨写就的《建国方略》。在这部呕心沥血之作中，有孙先生在地图上勾勒的青藏铁路设计图，有他设想的三峡水电工程。

但是在积贫积弱的旧中国，他的一腔热情只能化为缥缈的云、失落的梦。

宏图在胸的毛泽东和今天的中国人，开始充满信心地要驾驭那缥缈的云，去实现那丢失的梦。让高耸的巨型水坝——"西江石壁"，去截断巫山的云、巴山的雨。

毛泽东的目光进而穿越现实，投向了神话世界。

那个无所不能，从天荒地老起就在巫峡峰顶上矗立的"神女"，大概还在那里吧。面对即将出现的三峡新貌，她是不是惊讶万分，感叹世界变了模样呢？

在毛泽东的想象中，她一定会的。

因为中国大地的建设热潮，本来就是一支"惊神曲"！

20世纪50年代中期，毛泽东诗词的一个基本主题，就是《浪淘沙·北戴河》中说的"换了人间"。

在《水调歌头·游泳》中，"换了人间"有了更具体的内容——

眼前是正在修建的长江大桥，未来是"截断巫山云雨"的三峡大坝。

　　毛泽东很看重《浪淘沙·北戴河》和《水调歌头·游泳》这两首吟咏改天换地之作。他很少把刚刚写就的作品主动示人，可这两首却不同。1956 年 12 月 4 日，毛泽东把它们寄给了担任全国人大副委员长的民主人士黄炎培，"以答先生历次赠诗的雅意"。第二天，他又把《水调歌头·游泳》寄给老同学、湖南省教育厅副厅长周世钊，"录陈审正"。

　　诗人很乐意把自己击水新唱的热切心迹告诉世人。

　　到中流击水的故事还没有结束。

　　写完《水调歌头·游泳》一年后，毛泽东想从重庆乘船东下，经过他魂牵梦萦的三峡。

　　他要亲自看看这里的地貌，是否适合修建大坝。

　　他要亲自看看这里的江流，是否适合击水畅游。

　　1957 年 7 月 7 日那天，他给中央发了一封惊人的电报："我拟于 7 月 24 日到重庆，25 日乘船东下，看三峡。如果三峡间确能下水，则下水过三峡，或只有三峡间有把握之一个峡。""请中央考虑批准。"

　　经过调查试水，中央政治局理所当然地没有同意他的这个要求。

　　毛泽东只好乘船过三峡。

　　挺拔雄峻的瞿塘峡，幽深秀丽的巫峡，滩险流急的西陵峡。

　　卓异的牛肝马肺峡，奇峻的兵书宝剑峡，云雨巫山的十二峰，蜿蜒了千百年的古栈道……

　　还有屈原行吟的小路，昭君浣衣的河滩，孔明系舟的古渡，刘备托孤的宫墟，苏轼得句的江渚，陆游盘桓的洞窟……

　　毛泽东感受着祖先的分量，自然的分量，文化的分量，历史的分量。

　　船过神女峰，他对身边的人脱口念了几句宋玉的《神女赋》后说："其实，谁也没见过神女，但宋玉的浪漫主义描绘，给了后世骚人墨客无限的题材。"——这当中，自然也包括他自己。

船出三峡，到达江陵。凭舷远眺之际，他又想起了李白的名篇，禁不住改诵一首诗："朝辞白帝彩云间，千里江陵一日还。两岸猿声听不见，汽笛一鸣到公安。"

身边的人打趣道：主席把李白的诗发展到社会主义了。

发展到社会主义的诗情，自有别样的景致。

毛泽东说"端起巢湖当水瓢，哪里缺水哪里浇"，那是作诗，搞水利工程却不能那样浪漫。

毛泽东不只是浪漫的诗人，还是一个以务实的精神改造社会和自然的政治家。

他的诗，拉开了三峡工程的序幕。

但 1958 年 3 月，他却批示说："最后下决心确定修建及何时开始修建，要待各个重要方面的准备工作基本完成以后，才能作出决定。"

他的诗，促进了三峡大工程的前期工程——葛洲坝的建设。

但 1970 年 12 月 26 日，当葛洲坝工程方案摆到他面前的时候，他又提笔批示："现在文件设想是一回事，兴建过程中将要遇到一些现在想不到的困难，那又是一回事。那时，要准备修改设计。"

是啊，写诗和建设毕竟是两回事。

但神往未来，在实践中追求理想的精神，却如孔夫子和苏东坡都感慨过的江河大水一样，是永恒的。

40 年后，三峡工程上马了。千百年沉寂的土地焕发了生机。

如今，围堰合龙了。大江截流了。大坝耸立起来了。高峡平湖也蓄水了、发电了。

少了奇险幽深之美的三峡，新添了浩渺阔远之美。

渐露真容的"西江石壁"，你知道吗？半个世纪前，有一位诗人，为你的诞生，曾经热情讴歌，曾经魂牵梦萦，曾经中流击水……

渐露真容的"西江石壁"，你知道吗？这个叫毛泽东的诗人，因为生前没有看到你的真容，曾遗憾地说："将来我死了，三峡工程修成以后，不要忘了在祭文中提到我呀！"

三峡理解悲欢的诉求。
三峡凝聚新唱的旋律。
三峡相信历史的辛酸。
三峡承载江山的分量。

第十六章

闲适情

　　一国领袖，确实难得有闲暇的时候。闲暇之中的毛泽东，依然是一派诗人本色。身处名胜佳景，逢迎昌明时代，毛泽东充分展露他轻松的性情和闲适的诗兴，还有愉悦的智慧。

新中国成立后，从 1951 年到 1975 年的 24 年中，除了两年因病不能外出，毛泽东每年都要走出北京视察。

在一些年份里，他甚至有三分之一的时间都住在远离京城的地方。

他常说：在北京待久了，脑子里就是空的，一出北京去，里面就有东西了。

走出北京的毛泽东，曾这样安排他的行程——

1959 年 10 月 23 日，乘专列离开北京，1960 年 3 月 26 日回到北京，在外 5 个月零 3 天。

这期间，除在杭州读书、办公近两个月外，还跑了 8 个省、市，停车开会、谈话 59 次，视察工厂、公社和部队 7 次，接见外宾 5 次。大部分时间都是住在专列上面。

1960 年 4 月 28 日，回到北京一个月后，毛泽东的专列又启动外出了。

新中国许多重大决策，毛泽东是在外地而非京城酝酿和作出的。他分别在天津、上海、广州、杭州、庐山、武汉、郑州、成都、南宁等地，主持召开过中央政治局会议、政治局常委会议和规模大一点的中央工作会议乃至中央全会。

这大概是一种与他的性格有关的执政风格。

毛泽东最喜欢去的是南方。

在南方，他又最喜欢被他称作"第二故乡"的浙江。

新中国成立后，他第一次住杭州是 1953 年 12 月底，最后一次离开杭州是 1975 年 4 月中旬。

在这里，他住过 40 多次，加起来有 800 多个日日夜夜。

1955 年 4 月初，他第二次来杭州的时候，正是暮春三月、江南草长、杂花生树、群莺乱飞的季节。

"东南形胜，三吴都会，钱塘自古繁华。"湖光潋滟、山色空濛的杭州，更具独特的风姿。这次来杭州，他兴致很浓地游览了杭州的风景名胜。

他看了西子湖畔的岳飞庙。

毛泽东是一个爱憎分明的人。一进庙门，他只朝跪在那里的秦桧斜看了一眼。在岳飞像前，却露出赞美的神色，看了很久。

看着，看着，他用很低的声音，吟诵起岳飞的《满江红》。

他来到了汪庄后山的雷峰塔。

传说中那位一心向往美好生活的白素贞，就在西湖长堤的断桥上和许仙结下了不解姻缘。后来，她被法海和尚无端压在了雷峰塔下。

或许是令人感慨的故事和传说，打开了毛泽东那想象的闸门。他同身边的工作人员探讨起来，认为白娘子是反封建争取婚姻自主的，压在塔下的不应该是白娘子，而应该是那个不尊重女性的法海。

毛泽东还谈起鲁迅写的著名杂文《论雷峰塔的倒掉》，称赞鲁迅说的，雷峰塔的倒塌象征着中国妇女的解放。

在杭州，他最乐于做的事情，是爬山。

他爬过杭州附近的桃花岭、宝石山、梯云岭、葛岭、紫阳山、栖霞岭，还有龙井、玉皇、炮台山、凤凰山、狮峰、天竺山……

不走回头路，是他的爬山活动的特殊风格。上山走一条路，回来走另

外的小路，有时没路了，他就自己走出一条路。

按自己的意志行事，原本是他的性格。

杭州城北灵隐寺背后，有一处北高峰。虽为"高峰"，海拔其实只有300多米。但登临此处，可尽望杭州全景。万象在下，群山屏列，湖水镜净，云光倒垂。其间屋宇鳞次，鸥凫出没，草木葱郁，透出盎然生机。而北高峰附近的飞凤亭、桃花岭、扇子岭、美人峰更如立在眼前的一幅幅山水水墨画。

毛泽东曾3次登临北高峰，写下一首《五律·看山》——

> 三上北高峰，杭州一望空。
> 飞凤亭边树，桃花岭上风。
> 热来寻扇子，冷去对佳人。
> 一片飘摇下，欢迎有晚鹰。

纯粹的景物诗，大可不必在诗中寻求春秋大义。

诗人巧妙地把杭州周围的飞凤亭、桃花岭、扇子岭、美人峰这些有着俏丽名字的山峰都一一写了进去。

山水之作，得之目，寓诸心，而形于笔端，无非兴而已。

故山水之作，也是性灵之作，适意即可。

乘兴适意，多不必或无暇求其精。

于是，人们在毛泽东的山水之作中，读到的是平和与简淡。

一国领袖，确实难得有闲暇的时候。

闲暇之中的毛泽东，依然是一派诗人本色。

身处名胜佳景，逢迎昌明时代，毛泽东充分展露他轻松的性情和闲适的诗兴，还有愉悦的智慧。

顺着北高峰往南走，有一座五云山，传说常常有五色彩云盘绕其间，五云山在人们心目中便成了吉祥之山。山顶上曾有一座小庙，毛泽东游览这里的时候，他的孩子抽了一卦签。据说拿回来一看，是一卦上上签。如今还保存着一张毛泽东展看卦签的照片。

据说，1949 年蒋介石败退台湾前也曾来杭州一住，也在五云山的这座小庙里抽了一签。卦辞如何，则不得而知。

反正是天地悬隔，物是人非，颇让毛泽东高兴。

于是，便有了一首《七绝·五云山》——

　　五云山上五云飞，远接群峰近拂堤。
　　若问杭州何处好，此中听得黄莺啼。

毛泽东不光在杭州游览，还远足到了莫干山。

莫干山是天目山的一个分支，在浙江德清县城西北，离杭州有 120 里路。

传说春秋末年吴王阖闾曾派民间有名的铸剑师干将和他的妻子莫邪，到这座山铸一对雌雄宝剑。起初，铁石在旺火炉中不见熔化，莫邪听说必须有女子以身殉献炉神，才能造出好剑，便跳入火炉中去了。

宝剑造出来了。为了纪念这对夫妇，人们把雌剑称为"莫邪"，把雄剑叫作"干将"。

这座山，也有了一个新的名字，叫莫干山。

后来的故事更精彩。

1926 年，鲁迅根据传说，写了一篇名为《铸剑》的历史小说。里面讲宝剑造出来后，楚王杀掉了干将。干将的儿子眉间尺为报父仇，在一个义士的帮助下，接近了楚王，结果是眉间尺、义士和楚王 3 人的头颅，都掉进沸腾的煮鼎大锅里打起架来，同归于尽。

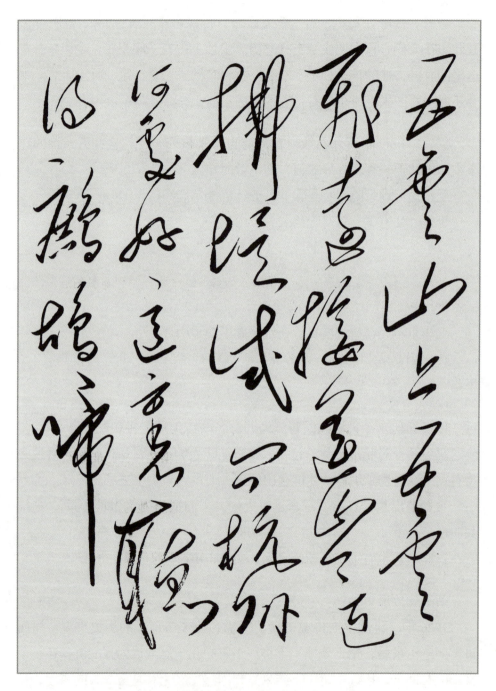

毛泽东手书《七绝·五云山》

毛泽东是读过鲁迅这篇小说的。

游览莫干山的时候，毛泽东曾在传说为莫邪、干将用过的磨剑石旁停下脚步。磨剑石四周的石崖有多处石刻，毛泽东喃喃自语"十年磨一剑，霜刃未曾试"，仿佛是在吟那上面的题刻。

在山行道上，毛泽东还情不自禁、边走边吟起古人描绘莫干山的诗句："参差楼阁起高岗，半为烟遮半树藏。百道泉源飞瀑布，四周山色蘸幽篁。"

下山途中，毛泽东游兴未尽。他又到观瀑亭观瀑，顺芦花荡西行至塔山远眺，东看太湖，南望钱塘江。

好一派大好河山，尽收眼底；好一方碧波荡漾的心湖，映出舒坦清丽的河山。

该回去了。毛泽东似乎还沉浸在"此间乐"之中。尽管不想刻意作诗，还是随口吟咏出一首《七绝·莫干山》——

> 翻身跃入七人房，回首峰峦入莽苍。
> 四十八盘才走过，风驰又已到钱塘。

这首七绝，名为"莫干山"，但并没有写莫干山。

也许，他这个时候不愿意把血腥杀伐的历史沧桑装进自己难得闲适宁静的胸怀，不愿意吟咏那些沉甸甸的诗。

我们的诗人陶醉在大自然里面，诗中透出自然给予他的赏心悦目的心境。

诗人从登车启程返回写起。"翻身跃入"，节奏明快活泼，道出身姿轻捷，动作连贯，依然是心情轻松自如的感觉。

被称作"七人房"的轿车启动了。回首一望，刚刚游过的莫干山的峰

峦由近及远，渐渐由清晰变得迷蒙起来。"回首峰峦入莽苍"，一个"入"字，好像是作者留恋地目送着峰峦远去。

最后两句，写归程之速，更加轻快。"才走过"又"到钱塘"，一派气韵生动。

四句一气呵成，句句写过程，句句写心境；句句写归途，句句写遄飞的逸兴。

在这些闲适诗中，政治背景、历史内涵都淡然远去了，剩下的是一种舒坦、开阔、明朗的心境。仿佛一道透明素丽的光，在空中划过时甩下一弯疾速的弧线，留下闲适中的畅快和愉悦。

那是稍纵即逝的瞬间感受和感觉，诗人把它抓住了。

这就是幽雅。

幽雅，是一种宁和，一种深邃；一种格调，一种境界。

幽雅，是一种诚于衷而秀于外的形象和微笑。

幽雅，是一切能够显现出人与环境高度和谐的自在自为状态的行为举止。

幽雅，是一种悠然从容、曼妙超拔的心理素质和富有文化涵养的精神气质。

在杭州的六和塔脚下，著名的钱塘江十分从容地向东边的大海流去。慢慢地，它受到杭州湾海浪的阻挡，在外宽内窄的海宁盐官镇出海口一带，汇聚成前推后涌的钱塘江潮。

早在南宋时期，这里的百姓就把农历每年的八月十八日定为"潮神生日"，由此出现大规模的观潮活动。

由潮而生出"神"来，看来，这江潮中多少寄托了人们的某些情思。

气势磅礴的天下奇观，也不知倾倒多少文人墨客。

毛泽东自幼爱读的汉代枚乘写的洋洋大赋《七发》，曾这样描述在广陵曲江观潮的感觉：

"疾雷闻百里；江水逆流，海水上潮；山出内云，日夜不止。衍溢漂疾，波涌而涛起。其始起也，洪淋淋焉，若白鹭之下翔。其少进也，浩浩澄澄，如素车白马帷盖之张。其波涌而云乱，扰扰焉如三军之腾装。其旁作而奔起也，飘飘焉如轻车之勒兵。"

有人说，枚乘所述观潮的广陵曲江，便是今天的浙江钱塘江。

枚乘的描写，把能想象得出的比喻淋漓尽致地铺排出来，是典型的赋体文风。

毛泽东很称道枚乘的文笔。他专门写了一篇《关于枚乘〈七发〉》的文章，说："文好。广陵观潮一段，达到了高峰。"

不光要从前人的描述中领略观潮胜境，毛泽东要亲眼去看一看。

1957 年 9 月 9 日，毛泽东又一次来到杭州。11 日，也就是农历八月十八"潮神生日"那一天，毛泽东从杭州住地乘车到海宁七里庙，观看了钱塘秋潮。

那天，观潮的人很多，不仅有杭州来的，上海也来了不少人。

钱塘秋潮似乎也格外助兴，狂涛奔涌达到 3 米多高。

毛泽东的情绪出奇地好，有说有笑。开始坐着，一会儿站起来，指指点点。

千里波涛滚滚来，雪花飞向钓鱼台。

人山纷赞阵容阔，铁马从容杀敌回。

伫立江边的毛泽东被这迎面扑来的汹涛巨浪感动了，观潮回来，他写了这首题为《观潮》的七绝。

如今，在海宁盐官镇观潮处，人们把毛泽东的这首诗刻成了一座诗碑，以志纪念。

人，有时候需要从自然对象中发现自己，提升自己。

闲适的心境，并不是说没有个性的张扬，对毛泽东这样的革命家来说，尤其如此。

这首七绝，简明的四句结构，呈一实一虚之状。

"千里波涛滚滚来"。起句于平实中露陡峭，在极目夸张之中一下子把人们带入特定的观潮氛围。

"雪花飞向钓鱼台"。则是夸张想象了。那波潮卷起的雪白浪花，竟从海宁入海口逆钱塘江向西南凌空飞越，落到一百多里以外的浙江桐庐县境内富春江畔，那里是东汉大隐士严光垂钓之处。

"人山纷赞阵容阔"。又回到实景的描述，恰如摄像机镜头的一个"反打"，从对面的"潮"反过来对准了"观潮的人群"，记录下他们的反应。

"铁马从容杀敌回"。把镜头又一下子荡开，从群体回到作者个人的想象世界。扑面而来的滚滚浪潮，仿佛是从杭州湾乃至千里之外的太平洋的鼓角战场，厮杀回来的雄师劲旅。

正是这最后一句，毛泽东带出了他的个性，他的感情。

似乎钱塘江入海口外那无边无际的海面，才是永恒的战场。

站在岸边观潮的作者同对象之间不是对立的，他和凯旋的千军万马融在了一起，欢迎着、欣赏着自己的勇士。

人与自然的差距和冲突，便形成了戏剧性的张力。

人化自然或自然人化的统一、和谐，便出现了美。

把这种张力和美写成诗，在对象那里观照以至实现自我的精神，便是崇高。

诗人融进了这壮阔奇景，也就体会并走进了崇高。

孔子说：智者乐水，仁者乐山。

　　智慧的人通达事物规律而行事通畅无阻，像水一样灵动，似乎更喜欢水。

　　仁义的人遵守行为规范，朴厚稳重而不改变主张，像山一样庄重，似乎更喜欢山。

　　不过，自然界都是山水相连相通的。

　　没有江水流淌，高山也会沉默。

　　因为高山滋养，江水才会歌唱。

　　在新中国成立前奋斗的漫漫长路中，诗人毛泽东跋涉和歌咏了许多的山。对于他的事业来说，就有了"青山作证"。

　　在新中国成立后艰难探索的日子里，诗人毛泽东搏击和畅游了许多的水。对于他的事业来说，就有了"击水新唱"。

　　毛泽东是一位既爱山又喜水的诗人、政治家。

　　智者处惊不乱，仁者临事无惧。

　　在古代吴越之地的浙江，政治家毛泽东在闲暇之中，诗人毛泽东在闲咏之中，也依然透露着他那灵动如水、庄重如山的情怀。

　　仅仅在岸边观潮，不是他的性格。

　　看见风浪就遏制不住激动的毛泽东，渴望把自己像山一样的性格融合到灵动的水流之中。

　　就在海宁观潮的第二天，毛泽东又来到潮起潮落的钱塘江，投入到钱塘江水中去了，前面似乎是永恒的战场，那是他渴望的地方。在"滔天浊浪排空来，翻江倒海山可摧"的气势里，一个人搏击其中，难道不也是一种可"观"之景吗？

　　毛泽东，终究不是闲适散淡的人！

第十七章

故乡感怀

　　如今，阔别 32 年的毛泽东回来了。回乡的第二天早晨，韶山还没有醒来，他就踏着小路，来到了父母的坟前，献上一束苍翠的松枝，深深地鞠了 3 个躬，虔诚地说了一句："前人辛苦，后人享福。"这番情景，太像台湾诗人余光中说的：人到老年，"乡愁是一方矮矮的坟墓，我在外头，母亲在里头"。

关 于故乡，古往今来的游子们有太多的感受，太多的比喻。

在遥远的记忆里，故乡是母亲勤劳不息的身影，是亲友悲欢离合的生活，是先生殷切期待的目光，当然还有傍晚时分依稀的炊烟，或树影丛中课堂的灯光。

人生就是这样不可思议，没有故乡，就没有你的存在。而离开了故乡，却又有了你的新的存在。

但是，哪怕是破土成长为参天大树，它的树叶承载着它的情思，依然飘归于大地。

一个人，无论走到了哪里，无论干出了什么事情，都终生萦绕着挥之不去的乡情。

大体人人如此。

何况是诗人呢！

毛泽东对故乡的记忆，常常充满诗意。

1961年12月26日生日那天，他给远在长沙的老同学周世钊写信时，想起了古代诗人对湖南的描述，禁不住动情地说："'秋风万里芙蓉国，暮雨朝云薜荔村'，'西南云气来衡岳，日夜江声下洞庭'。同志，你处在这样的环境中，岂不妙哉？"

只有前代诗人对湖南的描述还不够。

毛泽东有自己眼中的湖南，他用自己的诗笔去描绘了一个新的湖南。

1955 年 6 月，毛泽东到南方考察农村合作社情况，来到了长沙。

长沙，是造就毛泽东的沃土。这里有他的许多故旧好友，这里刻下他青年时代迅速成长的浓浓痕迹，这里能唤起他对风华岁月的美好回忆。

1925 年，崭露头角的青年革命家毛泽东，曾在长沙寻觅旧踪，写下《沁园春·长沙》，问了一声"谁主沉浮"？

30 年后，已成为一国领袖的毛泽东，在长沙又一次寻觅旧踪，陪他一道寻觅的，还有在湖南第一师范读书时的同窗好友周世钊。

6 月 20 日这天，他们先是在水涨流急的湘江里游泳，到达对岸后，又寻访了岳麓书院、爱晚亭、白鹤泉。在岳麓书院传说为朱熹讲学的赫曦台前盘桓一阵，他们便沿着生满苍苔的石子小路，登上矗立岳麓峰巅的云麓宫和望湘亭。

在云麓宫，毛泽东发现过去挂在壁间的一副对联不见了。那是他青年时代特别欣赏的对联："西南云气来衡岳，日夜江声下洞庭。"周世钊告诉他被战火毁掉后，还没来得及重新镶嵌在上面。

兴致很高的毛泽东，和周世钊一路谈笑风生，忆及故人旧事。

回忆故人旧事，不免生出人世悠悠的感慨。

周世钊禁不住赋诗一首："滚滚江声走白沙，飘飘旗影卷红霞。直登云麓三千丈，来看长沙百万家。故国几年空兕虎，东风遍地绿桑麻。南巡已见升平乐，何用书生颂物华。"

周世钊把这首七律寄给了毛泽东。当年 10 月，他收到了毛泽东的应答之作——

春江浩荡暂徘徊，又踏层峰望眼开。

风起绿洲吹浪去，雨从青野上山来。
尊前谈笑人依旧，域外鸡虫事可哀。
莫叹韶华容易逝，卅年仍到赫曦台。

这首《七律·和周世钊同志》，前面四句讲 6 月 20 日那天的所游所见，后面四句说的是这次游览的所思所感。

大概在同周世钊谈及故人旧事的时候，他们提到了青年时代的好朋友萧子升。

当年的萧子升，也是一位风度翩翩的有志青年。他同毛泽东一起到湖南乡下当"游学先生"，一起组织新民学会。可后来却选择了另外的人生道路，在国民政府做了农矿部次长，还管理过故宫。祖国大陆解放后，流落到南美洲的一个国家，处境很为狼狈。

从人事变迁来讲，确也为"可哀"之事。

故乡的风物，记载了多少人世间的分分合合。
有的是同路前行，有的是殊途同归，有的是分道扬镳。
有的不在了，有的又聚首了，有的却天涯各处。
这不正是同乘故乡之船外出的游子们搭造的世界舞台，演绎的人生故事？

虽然 30 年过去了，但毛泽东不认为青春已老，不认为韶华易逝，因为他的经历太充实了。不是吗？如今又来到了当年激扬文字的地方——赫曦台。

那是相传宋代大儒朱熹在岳麓书院讲学的地方。

无论是求学奋进的长沙，还是生长启蒙的韶山，对毛泽东来说，都有太多的悲欢，太多的回忆，也有太多的感慨，太多的诗情。
1959 年 6 月，毛泽东在新中国成立后第一次回了趟故乡韶山。

从 1927 年初回韶山考察农民运动，已经整整 32 年了。

毛泽东深爱自己的母亲，就像他深爱自己的故乡。

毛泽东的母亲，为人宽厚仁慈，慷慨大方。正是母亲的慈爱，给了他一副眷爱天下穷苦人的心肠。

就像许多人成年以后都拥有的感受一样，母亲，是自己人生道路上第一位也是影响最深刻的一位引路人。

1919 年 10 月母亲病故，在长沙忙于驱赶军阀张敬尧的毛泽东赶回韶山，二弟毛泽民对他说：母亲临终时还在呼唤他们的名字。毛泽东听后心如刀绞。面对孤灯，他彻夜守灵，含泪写下一篇四言古体的《祭母文》——

吾母高风，首推博爱。远近亲疏，一皆覆载。恺恻慈祥，感动庶汇。爱力所及，原本真诚。不作诳言，不存欺心……洁净之风，传遍戚里。不染一尘，身心表里……病时揽手，酸心结肠。但呼儿辈，各务为良……养育深恩，春晖朝霭。报之何时，精禽大海。

如渊如海的赤子深情，足堪与任何一个孝子相比。

毛泽东的一位族兄读了《祭母文》，感慨万千，当即抄录一份，还在文末批注说："皆是至性流露，故为之留存，以为吾宗后辈法。"

这位族兄要用这篇祭文教育后辈的想法，不经意间为毛泽东留下了一篇轶文，也为世人留下了毛泽东又一种情感底色。

毛泽东的母亲叫文七妹。

毛泽东曾把她接到长沙治病，还搀扶着她到照相馆合影留念。这位农村妇女第一次也是最后一次拍了平生唯一的一张照片。

韶山，在毛泽东心目中，永远是神圣的。在故乡面前，他永远是一位农民的儿子，永远怀着敬重之心。

新中国成立之初，日理万机的毛泽东不能回故乡，便让长子毛岸英代他探望父老乡亲，并特意让他突击学了一些韶山话。

儿子临走时，毛泽东又交代说：千万不要在乡亲们面前显威风，你必须在 20 里外的银田寺下马，然后步行回到韶山。

1950 年，毛岸英按照父亲要求，回到了韶山。

可半年后，他就牺牲在异国他乡的朝鲜，并永远地埋在了那里。

如今，阔别 32 年的毛泽东回来了。

回乡的第二天早晨，韶山还没有醒来，他就踏着小路，来到了父母的坟前，献上一束苍翠的松枝，深深地鞠了 3 个躬，虔诚地说了一句："前人辛苦，后人享福。"

这番情景，太像台湾诗人余光中说的：人到老年，"乡愁是一方矮矮的坟墓，我在外头，母亲在里头"。

毛泽东在旧居陈列的父母亲的照片前伫立良久，感慨地说："如果是现在，他们就不会死了。"在自己住过的卧室里，看到他与两个弟弟同母亲的合影，激动万分，惊讶地问起这张照片是从哪里找来的。他凝视着母亲的遗容，眼中噙着泪水。

孟子说："大人者，不失其赤子之心者也。"

毛泽东到毛氏宗祠里去看了看，对人说："敬菩萨是迷信，但这个烈士墓和祖宗牌子，却是个纪念。"

毛泽东来到自己题写校名的韶山学校。少先队员簇拥着他，给他戴上了红领巾，留下一张至今让人们能听到笑声的照片。

家乡也有了不怕旱涝的水库，他自然在里面畅游了一番。上岸后，站在山冈上，波浪起伏的千顷稻田和正在田中挥汗劳作的人们尽收眼底。

"韶山风光依旧，人世几经沧桑。壮志已成大业，何须衣锦还乡。"

跟随毛泽东到韶山的湖北省委第一书记王任重，写了这样一首诗。

看来，当时的人们，便已开始体会毛泽东故乡情思的真谛所在了。

在故乡，毛泽东更加忘不了的是乡亲们。晚上，他专门请了几桌客，参加的有韶山老地下党员，有 1925 年他在韶山一带发动农民运动时的积极分子，有革命烈士的遗属，有他小时候的老师，还有一些亲朋好友。

毛泽东举起酒杯，表达对他们的深深敬意。

"群众是真正的英雄"，这是毛泽东的名言。

韶山这片土地和整个中国一样，正是靠着一代又一代人民的追求和奋斗，才使山河旧貌换了新颜。

客人们走了，深夜时分的毛泽东，依然沉浸在陶醉之中。

32 年的风烟岁月，32 年的故园情思，32 年的乡亲面容，32 年的家乡巨变，如何不让他思绪联翩——

> 别梦依稀咒逝川，故园三十二年前。
> 红旗卷起农奴戟，黑手高悬霸主鞭。
> 为有牺牲多壮志，敢教日月换新天。
> 喜看稻菽千重浪，遍地英雄下夕烟。

这首《七律·到韶山》，毛泽东最早起的题目叫《归故里》。

当年，怀着"改造中国和世界"这一理想离开家乡的毛泽东，有着鲜明的爱憎。"黑手"代表着恶势力压迫，"红旗"昭示着反压迫斗争、前赴后继的人民牺牲精神和今天的光明新天，构成了诗人的大喜大悲。

这是对韶山和韶山人的咏赞，何尝不是对中国和中国人的咏赞？

因为故乡变化如此巨大，中国变化何尝不是如此？

毛泽东是湖南诗人，更是中国诗人。

写完《七律·到韶山》，毛泽东便把诗情投向了整个中国。

他于 6 月 27 日离开韶山，6 月 29 日从九江下船上了庐山。

登上庐山，正是红日方升之时。兴奋中的毛泽东，站在高处，极目望去，但觉眼界很是开阔，仿佛能够收尽注入鄱阳湖的 9 条水流，能够纵览横浮在长江流域的彩云，能够穿透三吴之地的浩渺烟波。

生机勃勃的大好河山，妆点了毛泽东的诗情，于是作《七律·登庐山》——

　　　一山飞峙大江边，跃上葱茏四百旋。
　　　冷眼向洋看世界，热风吹雨洒江天。
　　　云横九派浮黄鹤，浪下三吴起白烟。
　　　陶令不知何处去，桃花源里可耕田？

6 天之内，连作两诗，这在毛泽东诗词创作中是不曾有过的，由此可见，他当时的诗兴何等高昂。

犹如"红旗卷起农奴戟，黑手高悬霸主鞭"一样，诗中的"冷眼向洋看世界，热风吹雨洒江天"，表达的依然是爱憎分明的褒贬，依然是泾渭分明的对比。

东晋的陶渊明，也曾到过庐山，并在庐山脚下当过一段时间的县令。在庐山上诗兴大发的毛泽东，想起了这位老去千年的诗人，想起了他的行为和梦想。

陶县令看不惯世事，辞官隐居，梦想着一种和平自由的生活。
到哪里寻求这样的理想世界呢？陶县令不得不虚构了一个叫桃花源的

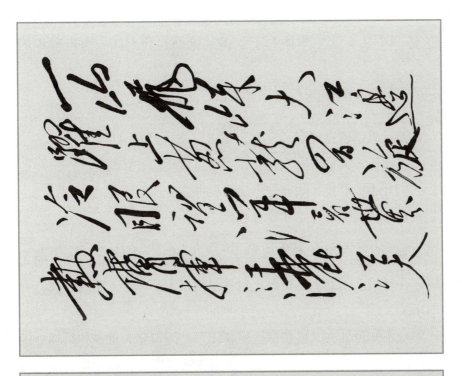

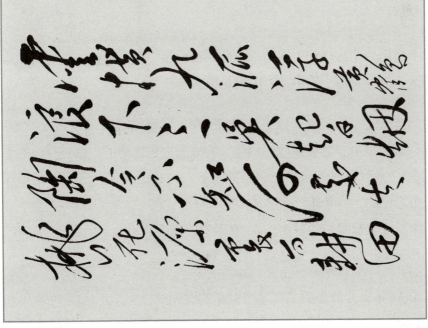

地方。

但这是一个从秦朝末年便为了躲避乱世而自我封闭、与世隔绝的地方。

那里的人们，生活停止了。"不知有汉，无论魏晋。"

有一首流行歌曲曾这样唱道："到哪里去寻找往日梦境？"

人们很喜欢听，人们很喜欢想，但绝不喜欢真的去寻找。

因为人们并不要梦境，除非他不能改变现实。

人们也不会回到往日，除非今日遗弃了他。

乱世已成遥远的记忆。在毛泽东看来，能够改造现实抓住今天的人们，不再需要梦境。闭塞的桃花源，也该是山口大开，汇入新的时代，一道耕田同乐了。

这"陶令不知何处去，桃花源里可耕田"？问得富有诗意和机趣。接下来的答案，或许正是《七律·到韶山》里说的："喜看稻菽千重浪，遍地英雄下夕烟。"

故乡情思，便这样和中国情思融合到了一起。

本来，故乡是缩小的中国，中国是放大的故乡。

1975 年，毛泽东阅读了汉末辞赋家王粲的《登楼赋》。

或许是被赋中"情眷眷而怀归兮"的故土之思感动了，他对身边的工作人员说："人对自己的童年，自己的故乡，过去的朋侣，感情总是很深的，很难忘记的，到老年就更容易回忆、怀念这些。"

王粲写《登楼赋》的时候，才 30 多岁，远远谈不上老年。

毛泽东不正是在借王粲之赋，抒发胸中的感念吗？

从 1927 年离开故乡后，在半个世纪的时间里，毛泽东只在 1959 年和 1966 年回去过两次。作为立志舍小家为大家的职业革命家，毛泽东一生以四海为家，是一个真正意义上的"浪迹天涯""离家出走"的人。

他的家在烽火硝烟的战场，在风雪弥漫的雄关漫道，在井冈山，在延安，在山的深处，在河的那边，在中国的任何一个地方。

正是这种"江海客"生涯，使他一生向往着极为充实的精神家园，是一个更高层次上的梦家望乡的人。

联结游子与故乡的纽带，就是那复杂纷纭的情。

亲友挚情，肝胆相照。旧友故情，温馨炽热。

大地情，山水情，声声不倦。

故园情，民族情，魂牵梦萦。

1959 年回韶山的时候，毛泽东在韶山水库游泳，看见对面一个风景秀丽的山谷，便对当时的湖南省委第一书记周小舟说："小舟，这个地方倒很安静，我退休后，在这儿搭个茅棚给我住好吗？"

于是，便有了一幢为来韶山的中央领导提供开会和休息场所的灰砖平房。早年这里因为有一个常年水滴不断的小山洞，人们便把它称为"滴水洞"。毛泽东在一封著名的信中，则叫它"西方的一个小山洞"。

1966 年 6 月，毛泽东曾回韶山滴水洞小住。要走的时候，他仿佛预感到自己以后很难再回来了，竟久久不愿离去。当工作人员收拾完东西，催他上车时，他说："你们先走吧，我再坐一会儿。"

于是，工作人员又给他泡上一杯茶，他坐在藤椅上，凝思了许久……

1976 年夏天，毛泽东病重时，用韶山话多次说："我要回滴水洞。"

当时，中央已经决定，待病情稍有好转，便满足他的这个愿望，回韶山休养一段时间，还通知了湖南有关部门作好接待准备。

从生命的第一次涛声，到最后一次的潮汐渐次退去，无论你是直驰平

川，还是穿越大漠；无论你在林中漫步，还是登临山岳；无论你是在清泉石壁前端坐，还是在烈日暴风中奔走……你都会回望故乡，怀念故乡，魂归故乡。

这是一种骨子里的生命真相，一种叶落归根的生命本质。

然而，毛泽东终究没有实现叶落归根的愿望……

第十八章

仙凡巡游曲

在浩瀚无垠的天宇之间，作为一个生命个体，毛泽东没有感到渺小，也没有"念天地之悠悠，独怆然而涕下"的孤独。他仿佛是一个横空出世的主人，在那里优哉游哉地"坐地日行八万里，巡天遥看一千河"。这是何等崇高的驾驭意识，何等潇洒的超越情怀！一派掌上乾坤，俯视人间天国，打破仙凡界隔的巨人气派。

毛泽东喜欢把生活哲学化。

　　1957 年，在出访苏联的飞机上，他和苏联驻华大使尤金有过这样一段对话。

　　毛泽东："刚才我们在机场，现在上了天，再过一会儿又要落地，这在哲学上应该怎样解释呢？"

　　尤金："这是一个奇怪的问题，我没有研究过。"

　　毛泽东："飞机停在机场是个肯定，飞上天空是个否定，再降落是个否定之否定。"

　　哲学和生活，在毛泽东的思维中，常常是统一的。

　　毛泽东喜欢把现实浪漫化。

　　1960 年，他和身边的工作人员有过这样一段对话。

　　毛泽东问："我们是住在天上，还是住在地上？我们是神仙，还是凡人？"工作人员感到纳闷儿："这还用说吗，我们当然是住在地上的凡人。"毛泽东却说："如果其他星球上有人，他们看我们，那我们就是住在天上，我们就是神仙。"

　　神话和现实，在毛泽东的想象中，常常交融在一起。

　　独具个性的胸怀和想象，给毛泽东的思绪和诗情添上了翅膀，使他能够在平凡的世界中感觉到非凡的意味，使他习惯于从各种神话传说中汲取超迈的灵感，从而在浪漫主义的想象中，舒展自己高古飘逸、卓尔不群的思维，去熔铸文采绮丽的奇特华章。

在中国，曾经有一种流传久远的灾难，却绝不是虚无的传说。

在湖南长沙马王堆出土的西汉女尸中，科学家发现了血吸虫卵，由此断定，血吸虫病的肆虐，至少有 2000 年的历史了。它曾遍布南方 12 个省市，在新中国成立初期，已有 1000 万人染上这种病。得这种病的人肚大如鼓，骨瘦如柴，身无半分力，妇女不能生育，儿童变成侏儒。少数严重的病区，田地荒芜，家破人亡。

1955 年，毛泽东提出："一定要消灭血吸虫病。现在要和天作斗争了！"

只过了 3 年，便传来捷报。在中国南方，出现了第一个消灭血吸虫病的县——江西余江县。

1958 年 6 月 30 日，《人民日报》发表了题为《第一面红旗——记江西余江县根本消灭血吸虫病的经过》的长篇报道。

正在杭州的毛泽东，看了这天的报纸，睡不着觉了。

彻夜无眠的毛泽东，兴奋得"浮想联翩"。在"微风拂煦，旭日临窗"之际，他"遥望南天，欣然命笔"，写下了《七律二首·送瘟神》——

> 绿水青山枉自多，华佗无奈小虫何！
> 千村薜荔人遗矢，万户萧疏鬼唱歌。
> 坐地日行八万里，巡天遥看一千河。
> 牛郎欲问瘟神事，一样悲欢逐逝波。

其二

> 春风杨柳万千条，六亿神州尽舜尧。

红雨随心翻作浪，青山着意化为桥。
天连五岭银锄落，地动三河铁臂摇。
借问瘟君欲何往，纸船明烛照天烧。

英国大诗人约翰·弥尔顿，曾借用《圣经》的故事，写下两部宏伟的史诗——《失乐园》和《复乐园》。

如果说《送瘟神》之一，描述的是一幅人类"失乐园"的图景，那么，《送瘟神》之二，展示的便是人类"复乐园"的新貌。

在弥尔顿笔下，被逐出天庭失去乐园的人们，过着梦魇缠绕的生活。但生而不幸的现实，却更加激起人们对曾经拥有的乐土的神秘向往。人类在大地上的一切奋斗，似乎都体现出一种飞升寰宇的超级冲动。最终，人类还是能够凭借坚忍的跋涉超越了自然的局限。

于"浮想联翩"中喜送瘟神的毛泽东，目光没有停留在江西的余江县，也没有只停留在中国的版图上面。他似乎已经把整个地球当作一只宇宙飞船，飞升上天，巡视在浩茫的宇宙。

超越人间的构思，造就了寥廓而高远的意境。

在浩瀚无垠的天宇之间，作为一个生命个体，毛泽东没有感到渺小，也没有"念天地之悠悠，独怆然而涕下"的孤独。他仿佛是一个横空出世的主人，在那里优哉游哉地"坐地日行八万里，巡天遥看一千河"。

这是何等崇高的驾驭意识，何等潇洒的超越情怀！

一派掌上乾坤，俯视人间天国，打破仙凡界隔的巨人气派。

或许正像诗人曾经断言过的那样，换一种角度巡视，地球上的人们，本来就是住在天上的神仙。

诗人为什么有如此自信而超拔的想象？

依然是历史的变迁给予了他特殊的精神支撑。

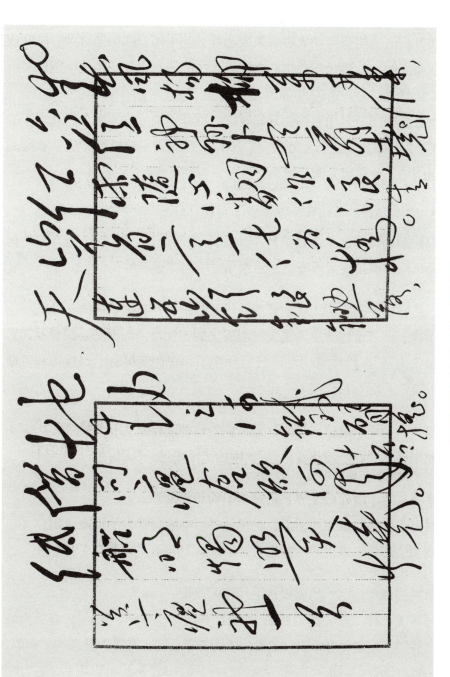

毛泽东手书《七律二首·送瘟神》

曾几何时，神医华佗也奈何不得那遗患人间的"小虫"。

曾几何时，出身劳动人民后来成为神仙的牛郎，哪怕他再关心民间疾苦，所看到的，依然是东逝水波承载着人民的悲哀年复一年地流淌；所听到的，依然是"万户萧疏鬼唱歌"。

而在新中国，只用短短的几年时间，就开始消灭这为害人民几千年的"瘟神"了。如今，它已无处藏身，不得不在人们点起蜡烛、烧着纸船的庆祝氛围中，被送离人间。

送走了"瘟君"，也送走了悲哀的时代。

汉代的扬雄写过《逐贫赋》，唐代的韩愈写过《送穷文》。毛泽东的这两首诗，则仿佛是逐灾灭疫、追寻康乐之境的"送神歌"。

改造旧世界的成功实践，必然升华为对新世界的执着热情。

于是，在"千村薜荔人遗矢"消失之后，便是"红雨随心翻作浪，青山着意化为桥"。绿水青山不再枉自存在了。它们变得有了灵性，和劳动者改天换地的行为融合在了一起。

当然，毛泽东最感兴趣的，是人们的精神世界发生的美妙变化。

他期望着"六亿神州尽舜尧"，因为孟子说过，"人皆可以为尧舜"。

毛泽东善于砸碎旧世界，也钟情于构想新世界。

对美善境界的梦想与追求，仿佛他心目中最有魅力的一面旗帜。

他一生都是未来世界的探索者。

单纯的诗句，已不足以表达毛泽东的兴奋。

写完《七律二首·送瘟神》，他又续写了一个后记，说："灭血吸虫是一场恶战"，"灭疫大有希望"，"我写了两首宣传诗，略等于近来的招贴画，聊为一臂之助"。

诗人所以要按捺不住地写起"宣传诗"，是因为"就血吸虫所毁灭我们的生命而言，远强于过去打过我们的任何一个或几个帝国主义"。

为诗写后记，这在毛泽东的创作中是绝无仅有的。

这还不够。当天毛泽东又给胡乔木写信，让他把这两首诗安排在《人民日报》上发表，意在"不使冷气"。

正是在这封给胡乔木的信中，毛泽东预感到，"诗中坐地、巡天、红雨、三河之类，可能有些人看不懂，可以不要理他。过一会，或须作点解释"。

"曲高而和寡"，古老的经验早已点破。

想象越奇特，越难寻得同道。

果然，这两首诗在 10 月 3 日的《人民日报》上发表后，有人提出："坐地日行八万里，巡天遥看一千河"两句可能有误，因为我们坐在地球一动不动，怎么能一天跑 8 万里呢? 谁能知道有 1000 条银河呢?

毛泽东不得不在一封信中专门作了解释——

地球的周长约 8 万华里，"这是地球一天自转的里程，于是人们不坐任何交通工具，不付任何代价，就坐地日行八万里了。可是有人不认为这是旅行，觉得'我一动也没有动'。真是岂有此理! "

"巡天，即谓我们这个太阳系（地球在内）每日每时都在银河系里穿来穿去。银河一河也，河则无限，'一千'言其多而已。我们人类只是'巡'在一条河中，'看'则可以无数。"

朴实的真理，似乎一点就通。

深刻的哲学，本来蕴含诗意。

惊世骇俗的奇特想象，人们很难用一般的逻辑公理去推论，有时候，看起来不可思议，却夹带着合理的文化内涵、真实的历史内涵和浓厚的人格内涵。

在毛泽东看来，人们不理解他诗中的这种浪漫思维，以至"完全的日常生活，许多人却以为怪"，是因为"囿于习俗，迷信未除"。

不拘成规的浪漫想象，对目标的执着追求，使毛泽东时刻以诗人的想象关注人生和时事的变化，关注着自然和宇宙的终极，关注着使命和目标的实现进程。

在1958年的"大跃进"浪潮中，毛泽东常常倡导破除迷信的精神作风。

这一年，他在几次会议上都反复宣传：要有势如破竹、高屋建瓴的气概。像马克思、鲁迅那样，把空气冲破一下，搞出一种新气氛。打掉自卑感，砍去妄自菲薄，破除迷信，振奋敢想、敢说、敢做的大无畏创造精神。

他还说："我看到报纸上有'要高山低头，要河水让路'的话，很好。高山嘛，我们要你低头，你还敢不低头？河水嘛，我们要你让路，你还敢不让路？这样说，是不是狂妄？不是的，我们不是狂人，我们是马克思主义者。革命精神和实际精神的统一，把俄国的革命热情和美国的实际精神统一起来。"

激情地工作，理智地决断；热情地想象，冷静地实施。

毛泽东在大多数时候，能够如此，能够把浪漫热情和务实精神高度地统一起来，从而使他比同时代的其他书生型的政治家，都能设计一条实实在在的民族解放和振兴的大道。

毛泽东是一个永不满足现状的人。

他曾对人说："我想把中国要紧的事情办定，建设社会主义从欧洲到中国还不是很清楚，活着，多搞一点，比少搞一点好。"

正是这种紧迫感，使他总有一种不"安分"的心情。

历史上的每一次社会运动和变革，都伴随着洋溢激情、充满畅想的精神氛围。

历史的奇妙恰恰在于——

在许多失败中，常常体现着深厚奇丽的个性力量和勇于尝试的思想锋芒。

在一些成功中，固然积累了许多有益的经验，但也陈列着一连串的陷阱。

在历史条件和历史任务发生变化的时候，机械地重复经验，经验就变成了陷阱。

1958年的"大跃进"，掉入了"陷阱"——用群众运动搞经济建设，消泯了经济建设和诗意想象之间的那道天然壕沟。

灵感触发下的豪言壮语满天飞舞，那种过去成功岁月积淀起来的激情和畅想，膨胀得硝烟四起，催生出火红的年代和火热的社会，进而弄出大放"粮食卫星"这种怪异的事情。

毛泽东期望甚高的这一尝试，很快就难以为继。

成也萧何，败也萧何。

毛泽东说：我也有胡思乱想的时候。1958年、1959年的责任，主要在我。

毛泽东一生都被他的高远的理想鼓舞着，被缤纷的幻想诱惑着。有时候，人们分不清，哪是他的理想，哪是他的幻想。

如果不是写诗，而是书写社会变革这部作品，那么，理想的实现是史诗，幻想的失败就成了悲剧。

诗是美好的，但用它来同现实打交道，往往坏事。

在诗的世界，在美的世界，甚至在哲学思考的世界，时代和历史或许可以超越，可以走在它们的前面。

但是，在社会进步的实践链条中，在政治家的决策和操作程序中，它们在根本上是不能超越和打乱的。

政治家的高翔，凌空蹈虚了。
诗人高翔的翅膀，仍然在继续扇动。

毛泽东坚信："太现实了，不能写诗。"
是啊，在诗歌的土壤上，浪漫主义是一朵开不败的奇葩。
诗人毛泽东独特的游仙之路，铺就了当代中国诗歌史上的美辞华章。

在毛泽东眼里，他的故乡湖南是一片神奇的土地。
南岳七十二峰，挺拔在这片土地上面，仿佛耸立起一种坚强不屈的精神。环绕其间的三湘四水，又装点出格外的风姿妖娆，仿佛给了这片土地充溢的生命活力。还有浩瀚的洞庭湖，让这片土地和整个中华民族的血脉长江紧紧地连在了一起。

正是这片土地，给了毛泽东山的坚忍、水的灵动、土的质朴、火的热烈。
毛泽东实在太钟爱故乡的山水了。

有一次，他和早年好友、林业科学家乐天宇聊天时，说他很喜欢九嶷山的斑竹，自己是湖南人，却没有到过九嶷山。
乐天宇的家乡正好在九嶷山，随即念起一首诗给毛泽东听："生长月岩濂水间，老来才入九嶷山。消磨精力知余几，踏遍人间五岳还。"
毛泽东听后笑着说，"你是拿清朝何绍基的诗来笑我呢"，并表示以后一定要去九嶷山看看。

故交旧友们知道了诗人的心事。
1961年夏天，乐天宇、周世钊和时任武汉大学校长的李达在庐山休养时，一起闲谈，他们都是毛泽东的同乡好友。3 人商定，分别送毛泽东一枝九嶷山的斑竹，一管斑竹毛笔，还有两首咏九嶷山的诗。

毛泽东又见斑竹。

这些带着独特斑点的竹子，凝聚着一个美丽的传说。

远古时舜帝到南方巡游，死于苍梧之野，就是今天的九嶷山一带，随即葬于该地。他的两个妻子，也就是尧帝的女儿娥皇和女英，听到这不幸的消息，连忙追寻到九嶷山。两位帝子悲恸万分，伤心的眼泪洒落在沅江一带的竹林上，竹子便挂上了她们斑斑点点的泪痕。

从此，这里便有了斑竹。人们也把它称为湘妃竹。因为娥皇和女英是投湘水而死的，她们成了湘水的灵魂。

这一美丽的传说，感动了屈原。

他在《九歌》里专门写下了《湘君》和《湘夫人》。屈原想象着："帝子降兮北渚，目眇眇兮愁予。"

这一美丽的传说，感动了李白。

他在《远别离》一诗中想象着："帝子泣兮绿云间，随风波兮去无还。恸哭兮远望，见苍梧之深山。苍梧山崩湘水绝，竹上之泪乃可灭。"

这一美丽的传说，也感动了毛泽东——

> 九嶷山上白云飞，帝子乘风下翠微。
> 斑竹一枝千滴泪，红霞万朵百重衣。
> 洞庭波涌连天雪，长岛人歌动地诗。
> 我欲因之梦寥廓，芙蓉国里尽朝晖。

这首《七律·答友人》，是毛泽东诗词中最为浪漫瑰丽的一首。

如果说《送瘟神》是悲欢离合的"送神曲"和"巡天歌"，那么，这

首《答友人》，则是美幻飘逸的"梦乡曲"和天上人间的二重奏。

如果说《送瘟神》是想象着人间的"我"到天上巡游，那么，《答友人》则是想象着天上的"神"到人间巡游。

无缘游九嶷山，毛泽东在梦中神游了一番。

在诗人的想象中，娥皇、女英两个"帝子"以云为衣，乘风而下，何等地飘逸。她们的形象，远不是屈原、李白想象中的愁苦不堪。"斑竹一枝千滴泪"之后的"红霞万朵百重衣"，使抑郁悲哀的凄绝，化作了光昌流丽的美艳。

从远古走来，从天上走来的虚无缥缈的仙人，变成了有血有肉的活生生的形象。诗人借助她们的眼光，看到了人间发生的奇迹和感人的壮景——"洞庭波涌连天雪，长岛人歌动地诗"。

当然，这一切，都是诗人在梦中的想象。

越是"非常之人"，就越有光怪陆离、五彩斑斓的奇妙情结。

这不是点缀品，而是动力之源。没有他的情结，就无法照见他的世界——光怪陆离、五彩斑斓的奇观。

"芙蓉国里尽朝晖"一句，和盘托出诗人对故乡湖南，以至对整个中国的期望，又仿佛是在向未来倾诉着自己的悄悄话，期望着一个辽阔灿烂的世界。

这是一种深远的诱惑和召唤。

这是一种让人陶醉、给人激励的诱惑和召唤。

这是一幅美妙绝伦的幻想图景。

而幻想就应该是美丽的。

也只有美丽的幻想，才值得去幻想。

第十九章

新人赋

　　1961 年 2 月，小李送一沓文件到菊香书屋给毛泽东时，毛泽东突然问她是不是参加了民兵，她说参加了。为了让毛泽东相信她还参加了训练，便拿出这张照片给毛泽东看。毛泽东端详一阵，说了句"好英雄的模样"，便在办公桌上拿起一本看过的地质常识书，翻到有半页空白的地方，提笔挥写——飒爽英姿五尺枪，曙光初照演兵场。中华儿女多奇志，不爱红装爱武装。

"**世**界是你们的，也是我们的，但归根结底是你们的。"

毛泽东 1957 年在莫斯科对中国青年留学生们说的这句话，对整整一代的中国人来说，都拥有过感同身受的共鸣，产生过巨大深远的影响。

这是毛泽东浓浓的情感底色——
在大人物和小人物之间，他偏爱小人物。
在老年人和青年人之间，他偏爱青年人。

毛泽东钟情于未来，所以钟情于青年。
对于青年的人生，他特别偏好和推崇一个"气"字：志气、热气、生气、豪气、朝气……
这些词汇，诠释着他对青年人生命活力的深情赞美，也诠释着他对青年人进取精神的热切期待。

在未来社会的构想和建设中，一心要探索一条新路的毛泽东，常常呼吁要破除迷信，反对墨守成规，希望人们不要信守教条，不要惧怕权威。
青年人，似乎特别应该而且最有可能按他的这个期望去做。

在 1958 年 3 月的成都中央工作会议上，他一口气讲了 29 个古今中外青年才俊的事迹。
这当中，有 29 岁创立佛教的释迦牟尼。

有 14 岁参加隋末农民起义的白袍小将罗成。

有率劣势之兵抗击曹操几十万人马,在赤壁之战中大获全胜的周瑜和诸葛亮。

还有 30 多岁便获得诺贝尔物理学奖的杨振宁和李政道。

更有在 16 岁就发明棉纺细纱先进工作法的挡车工、全国劳动模范郝建秀。

青年人中为什么容易出现这些"英俊天才"?

毛泽东说:"因为他们贫贱低微,生命力旺盛,迷信较少,顾虑少,天不怕,地不怕,敢想敢说敢干。如果党再对他们加以鼓励,不怕失败,不泼冷水,承认世界主要是他们的,那就会有很多的发明创造。"

1965 年 1 月,毛泽东读到乒乓球世界冠军徐寅生关于如何打好乒乓球的讲话稿,立刻批示"再加印发,广为宣传",并要求出席中央工作会议的领导干部们都仔细阅读。

他说:"这是小将们向我们这一大批老将挑战了。""难道我们不应该向他们学习一点什么东西吗?""如果我们不向小将学习,我们就要完蛋了。"

如此言之凿凿,情意切切,毛泽东是要提倡一种面向未来的思维方式和创造精神。

如此言之凿凿,情意切切,毛泽东期望着社会主义新人身上散发出大胆进取、昂扬奋斗的人格气象。

进入 20 世纪 60 年代,毛泽东的诗笔渐渐奔涌出一种迎接挑战的严峻气氛。

这大致是从 1961 年夏天在庐山上写《七绝·为李进同志题所摄庐山仙人洞照》开始的。

庐山,壮丽奇绝的峰峦,奇伟幽险的瀑布,变化多端的云海,数不清

的名胜古迹，给了诗人太多的素材和灵感。

身在庐山，人们总有一些特别的感觉，总有一股开阔的诗情，总有一种置身世外的飘洒和俯瞰河山的豪气。

在诸多吟咏庐山的古代诗词中，毛泽东似乎特别偏好李白的《庐山谣寄卢侍御虚舟》中的四句：

"登高壮观天地间，大江茫茫去不还。黄云万里动风色，白波九道流雪山。"

1959 年夏天上庐山开会，毛泽东把这几句诗写下来寄给儿媳刘思齐。因为儿子毛岸英已经牺牲在朝鲜战场，便特意交代说："你愁闷时可以看点古典文学，可起消愁破闷的作用。"

1961 年夏天上庐山开会，毛泽东又把这几句诗抄写下来，赠给庐山当地的同志，并在诗末注明："登庐山，望长江，书此以赠庐山党委诸同志。"

正是在 1961 年夏天的庐山会议期间，毛泽东看到了江青拍摄的一张题为《庐山雄姿》的照片。

照片是暮色时分拍摄的。摄影者立足于相传为唐朝八仙之一吕洞宾居住过的仙人洞角度，近景是雄居高空的松枝，远景是昏暗辽阔的天空和茫茫的云海，中景是御碑亭和树木葱郁的险峰。

或许是有感于当时国内经济困难和国际紧张局势，毛泽东的题照诗写得有些沉重，但基调仍是明朗的进取和对胜景的赞美——

暮色苍茫看劲松，乱云飞渡仍从容。
天生一个仙人洞，无限风光在险峰。

有人说，诗中赞美了遒劲的松树品格。它昂然挺拔于天地之间，尽管乱云翻滚，大有山雨欲来之势，它仍然是那样泰然自若。

有人说，诗中赞美的是飞渡的乱云。它在暮色压迫之中依然我行我素，勇往直前而又从容自如。

诗无达诂。不管哪种解释，都昂扬着一种乐观自信的精神状态。

这恰恰是当今社会的新人们应该拥有的人格气象。

1961 年，毛泽东还写有另一首题照诗，更为鲜明通脱地豪举出新一代中华儿女应有的"奇志"。

与前一首题照诗不同的是，诗人吟咏的对象是一位英姿勃勃的女民兵。

当时，国际形势比较紧张，中央号召大办民兵师。毛泽东的机要员小李也参加了中南海里的民兵组织，在一次休息时拍了一张扛枪的照片。

1961 年 2 月，小李送一沓文件到菊香书屋给毛泽东时，毛泽东突然问她是不是参加了民兵，她说参加了。为了让毛泽东相信她还参加了训练，便拿出这张照片给毛泽东看。

毛泽东端详一阵，说了句"好英雄的模样"，便在办公桌上拿起一本看过的地质常识书，翻到有半页空白的地方，提笔挥写——

> 飒爽英姿五尺枪，曙光初照演兵场。
> 中华儿女多奇志，不爱红装爱武装。

即兴写完这首《七绝·为女民兵题照》后，毛泽东又对小李说："你们年轻人就是要有志气，不要学林黛玉，要学花木兰、穆桂英！"

中华儿女应有的"奇志"，在战争年代，是"万里赴戎机"，是"妻子送郎上战场"。在和平年代，是"可上九天揽月，可下五洋捉鳖"。总之，是时刻准备着，在国家和民族需要的时候，不屈不挠地去拼搏，去奋斗。

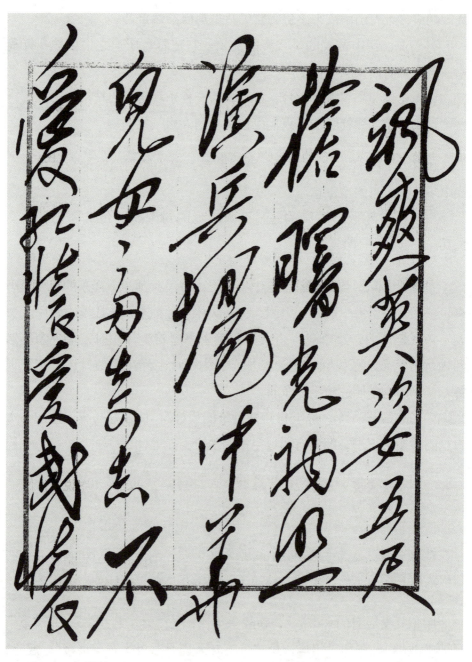

毛泽东手书《七绝·为女民兵题照》

一张小照，为什么能激起诗人的奇情异趣？

因为毛泽东和"不爱红装爱武装"的女民兵们，有平等的心情，有同等的抱负和志向——他青年时代，不也曾高喊过立奇志、创奇事，做一个奇男子吗？

这首七绝，因为简单明了，朗朗上口，在20世纪60年代曾谱成歌曲，唱遍神州，妇孺皆知。

与此同时，另一个妇孺皆知的传统故事，当时也唱遍了神州。

这就是叙述穆桂英挂帅故事的《破洪州》。

为了推荐这出戏，毛泽东在1959年专门给周恩来写了这样一封信："我在郑州看过一次戏，穆桂英挂帅，叫做《破洪州》，颇好，是一个改造过的戏，主角常香玉扮穆桂英。我看可以调这个班子来京为人大代表演一次。"

穆桂英和女民兵，历史和现实，在诗人毛泽东的视野里，就这样奇妙地交融在了一起。

如果说，中华儿女的"奇志"，在《为女民兵题照》中还只是点到为止的话，那么，在毛泽东的杂言诗《八连颂》里，似乎已经抛开诗的含蓄，直接用理性的语言来表达了。

上海南京路上好八连的故事，随着《霓虹灯下的哨兵》这部电影的播映，同样传遍了神州。

1949年上海解放之初，有人断言：上海是个大染缸，共产党红着进来，将黑着出去。意思是共产党抵挡不了糖衣炮弹的攻击。

到1963年，14年过去了。

从硝烟弥漫的战场来到花花绿绿的上海，驻守在南京路上的八连官兵，没有被染黑。他们继续保持勤劳勇敢、艰苦朴素的本色，身居闹市，

一尘不染，博得人们的交口称赞。1963 年，国防部授予他们"南京路上好八连"的称号。

这是让毛泽东欣喜的消息。"好八连"的作风，正是他一直倡导的社会主义新人气象的一个缩影。

在 1963 年 8 月 1 日建军节那天，毛泽东写了他一生中唯一一首民歌体的杂言诗——

> 好八连，天下传。为什么？意志坚。为人民，几十年。拒腐蚀，永不沾。因此叫，好八连。解放军，要学习。全军民，要自立。不怕压，不怕迫。不怕刀，不怕戟。不怕鬼，不怕魅。不怕帝，不怕贼。奇儿女，如松柏。上参天，傲霜雪。纪律好，如坚壁。军事好，如霹雳。政治好，称第一。思想好，能分析。分析好，大有益。益在哪？团结力。军民团结如一人，试看天下谁能敌。

与其说毛泽东是在歌颂八连官兵，不如说他是在全面构想和描述他心目中的新人气象。

除了"拒腐蚀，永不沾"，新人们还要不怕刀戟、鬼魅和帝贼的压迫，还要在政治、军事、思想和纪律各个方面达到新的境界。这样才能成为如松柏的"奇儿女"。

奇儿女之"奇"，奇在精神。

精神是人的内心生活及其品质。毛泽东在 1918 年就发出了对它的执着追求和坚定维护的誓言："管却自家身与心，胸中日月常新美。"

作为五四青年，这是毛泽东当时追求的新人气象。

在毛泽东的个性辞典里，"精神"还是一种具有多义性和开放性的称谓。

它有时是一种崇高的人格理想，有时是一种深刻的思考与追问，有时是一种进步的人生观、世界观，有时是一种无畏无敌、勇往直前的浩然正气，有时是一种具体奋发的作为，有时是一种不衰不屈的意志，有时是一种无私奉献的道德品质。

喜欢传统格律的人，或许不会欣赏《八连颂》，因为它毫不含蓄，过于直露。

但对毛泽东来说，也许只有这种当时部队战士喜闻乐见的快板诗、民歌调，才足以充分表达他的欣喜之情，才足以传达他对新人气象的构想和描述。

当然，毛泽东也会以格律诗来传达他的这种期望。

那是 1965 年在南昌的时候。

南昌旧时别称洪都。

初唐四杰之一的王勃，曾在这里写下"落霞与孤鹜齐飞，秋水共长天一色"的千古名句。

作为诗文大家，毛泽东特别瞩目王勃，称他为"英俊天才"。毛泽东还专门写了篇一千多字的文章，来考证王勃在南昌写作《滕王阁序》时的年龄，称道他不仅"高才博学"，而且"为文光昌流丽"。

作为开创中国革命道路的先行者，毛泽东或许更为感慨 1927 年在南昌爆发的八一起义。正是这次起义，中国共产党旗帜鲜明地抓起了枪杆子，组建了自己的第一支军队，从起义队伍里还走出了 6 位赫赫有名的开国元帅。南昌，也就成了一个令人怀想的红色起点。

然而，历史之舟似乎已随岁月之河漂流远去。

毛泽东或许会在滕王阁下徘徊观赏，也会到江西大旅社南昌起义旧址凭吊感念。

但眼前的赣江之水，却无疑承载着他的现实思绪，从历史流向

未来——

到得洪都又一年，祖生击楫至今传。

闻鸡久听南天雨，立马曾挥北地鞭。

鬓雪飞来成废料，彩云长在有新天。

年年后浪推前浪，江草江花处处鲜。

1965 年在南昌写下的这首《七律·洪都》，并没有吟咏洪都往事。

诗人 1964 年曾来过南昌，所以说此番一行是"又一年"。这时候他已经 72 岁，生出了"鬓雪飞来"的感慨，还有"成废料"的自嘲。这自嘲当然不是古稀年华的自怜，相反，倒是充满信心的豁达和诙谐。他坚信自己的身后和历史的前面，有长在的"彩云"和"新天"，更有后浪推前浪一般层出不穷的后继青年。

在谙熟历史演变的毛泽东眼里，这些后继者应该具备什么样的品格气质呢？

毛泽东想到了东晋初年名垂青史的志士祖逖和刘琨。

祖逖和刘琨生长在动乱年代，他们在年轻时便怀抱宏大的报国之志，为此闻鸡起舞练剑，磨砺意志本领。后来，祖逖带领一百多部下，誓志北伐。船到江心，他敲打着船桨发誓："我祖逖如果不能肃清中原的敌人，决不再渡此江。"

祖逖北伐果然成功。刘琨听到这个消息，感慨地说："我经常枕戈待旦，立志报国，不想祖逖真的比我先在北方挥鞭立马了。"

历史上多难兴邦的奇志儿女们的故事，就这样传递着晚年毛泽东的深沉情怀，昭示着他渴望的新人气象。

在插满五星红旗的土地上，毛泽东种下诗句，曾期望它长出麦子和钢铁，如今，更期望它长出全新的文明、全新的人。

就在写《七律·洪都》的 1965 年，在北京的中南海里，毛泽东又一次和他的老朋友斯诺见面了。

斯诺向他提出了一个问题：在中国，年轻的一代将会做些什么？

这个问题让毛泽东陷入了沉思。他闭着眼睛，感慨地回答说：我也不可能知道。将来的事情要由将来的人去决定，而且按照我们不能预料的历史条件去决定。今天和未来的青年人会比我们更有知识，是他们的判断而不是我们的判断在将来起作用。

这是诗人的回答，还是智者的思考？

热情消失之后，剩下的只是习惯。

创造力消失之后，留下的陈迹便是"传统"。

晚年毛泽东不愿遵循的，或许就是这习惯；他试图摆脱的，或许便是这传统。

他要倡导精神的活力，去创造"新生事物"。

在世界的五颜六色中，如果说红色象征着热烈、浪漫、进取、革命、创新的话，那么，晚年毛泽东尤其喜欢玫瑰红，则多少是他的这些内心向往的折射。

晚年毛泽东用的地毯是红色的，沙发是红色的，窗帘是红色的，甚至他下水穿的游泳裤，也是红色的。

也许，只有鲜红的颜色，才会使他变得年轻。

晚年的毛泽东，是一个最易动感情的人。

看电影《创业》，当主人公说："帝修反要卡我们的脖子，我们怎么办？"他流泪了。

看《雷锋》，当主人公说："我是人民的儿子，我是公社的儿子，你们一定要收下儿子这点心意。"他流泪了。

1976 年春节，看《难忘的战斗》，当演到人民解放军进城受到老百姓热烈欢迎的时候，他流泪了。

这些画面，这些形象，仿佛折射着他的心声，传达着他曾经拥有的风云历程，再现了他领导的事业中奔突的创造活力。

在毛泽东生命最后一个年头的第一天凌晨，两个美国青年走进了他的书房。

看到毛泽东正将头靠在沙发背上休息，还张着嘴好像是在吸食空气，两个美国青年不由得感到有些心酸。

毛泽东也许注意到他们的凝视，开口便语出惊人："我生着一副大中华的脸。"接下来的交谈，让他们惊讶地发现，毛泽东身上的活力奇迹般地出现了。

走出毛泽东的书房，两个美国青年深深地吸了一口北京冬夜的空气。

一位情不自禁地感慨：他有一颗年轻的心，十里之外都可以呼吸到他的个性。

另一位则理性地述说：不论历史如何下结论，毛的一生肯定将成为人类意志力量的突出证明。

第二十章

冬天的歌

"犹有花枝俏"，一个"俏"字，多么传神，多么美丽。美得劲拔，美得潇洒，美得机智，美得妙趣横生。更为传神的是"俏也不争春"。梅花超越时令的开放，无非是为了证明，"冬天来了，春天还会远吗？"当山花烂漫、遍野飘香之际，她也不会故作清高，像梅花仙子那样飘遁远去，而是躲在万花丛中露出会心的微笑。

走近毛泽东，你会发现一道丰富多彩的性格风景。

　　这道风景很像苏东坡对庐山的描述："横看成岭侧成峰，远近高低各不同。"

　　这道风景也像毛泽东自己的描述："吾人各种之精神生活即以此差别相构成之，无此差别相即不能构成历史生活。"

　　他像学者那样通晓古今，又像农民那样平易朴实。

　　他十分幽默风趣、含蓄温和，又罕见地严肃认真、猛烈逼人。

　　他细致谨慎、明察秋毫，又粗犷洒脱、坦率外露。

　　他有成就大业者的坚忍和耐心，而一旦需要则当机立断，不坐失分秒。

　　青年时代，毛泽东在给朋友的一封信中，曾袒露自己的人生态度和性格本色，"性不好束缚""不愿牺牲真我，不愿自己以自己做傀儡"。

　　他追求一种"真我"的生活方式和人生境界。

　　毛泽东对束缚个性本色的外在规矩，常常表现出明显的排斥和轻视。大凡接触过他的人，都不能不承认：他的谈话方式和装束举止，绝少彬彬有礼的客套，绝少虚情假意的造作夸张，总是显得十分自然。

　　一个本色自然的人，生活得真实而又洒脱。

　　他喜欢抽烟，不管在什么场合，有时甚至给客人点烟。

他喜欢外出，看到好的景色，甚至让专列停下来，下车步入田野或山道。

跳舞时，他喜欢按自己的节奏，有时候也能合上鼓点。

他宣称自己的作息时间是按月亮办事，也就是说夜晚办公，白天睡觉。

哪怕是在严肃庄重的外交场合，毛泽东也不愿掩饰他的个性本色，甚至会不按常规行事。

会见外宾，他不拘外交礼节，有时候坐在偏座上同来宾交谈。

会见美国著名的外交家基辛格——他好奇地指点着比基辛格高出许多的基辛格夫人，开玩笑地问基辛格，对比男人还高的女人有什么感觉？

会见英国工党领袖、前首相艾德礼——他穿着一条屁股上轧满了罗纹补丁的裤子。

会见越南党和国家领袖胡志明——因为天热，他让对方把汗湿的衣衫脱掉，光着胳膊，摇着蒲扇讨论天下大事。

会见印度尼西亚总统苏加诺——人们劝他按国际惯例换一双黑色皮鞋，他却说：为什么要按国际惯例呢，我们中国人就按中国的习惯不行吗？

毛泽东和英国前首相希思的握手，更显出直率的性情。一见面，他问在机场欢迎的时候，为什么没有仪仗队？周恩来回答：主要是担心英国的现任首相不高兴。他说：我看还是要有。一位工作人员再问：不怕得罪他们的现任首相吗？他说：不怕。

结果，欢送的时候，果然增加了仪仗队。

何等真实而又洒脱。

毛泽东并不讳言自己的个性。他曾对人说，自己身上是虎气为主，也有猴气。

何谓猴气?

人们自然想到了中国神话世界里的那个孙悟空。

孙悟空,一位神话英雄,一位永远的战斗者。他不愿受无谓的拘束,敢于袒露自己的个性追求,甚至上天入地向芸芸天神们服从的权威和遵循的规范挑战,向天界的主宰玉皇大帝挑战。

他护送唐僧到西天取经,一路捉鬼降妖,从不退缩动摇,更有一副识别善恶的火眼金睛。

在毛泽东的心目中,永远的革命者、进取者,正需要这样的信念和毅力,这样的作风和胆识,这样的情怀和智慧。

1961 年 10 月,毛泽东在舞台上看到了他心目中的英雄孙悟空。

浙江省绍剧团把《西游记》里的"孙悟空三打白骨精"改编为戏曲进京演出。毛泽东在中南海怀仁堂观看这出戏时,禁不住几次鼓掌,以示赞赏。

历史学家、诗人郭沫若,也看了这出戏。剧团请他提意见,他写了一首《七律·看〈孙悟空三打白骨精〉》——

"人妖颠倒是非淆,对敌慈悲对友刁。咒念金箍闻万遍,精逃白骨累三遭。千刀当剐唐僧肉,一拔何亏大圣毛。教育及时堪赞赏,猪犹智慧胜愚曹。"

由于"愚钝"的唐僧人妖不分、善恶不辨,搞得内部不和,让妖怪屡屡得手,使郭沫若对他特别生气,从而写出了"千刀当剐唐僧肉"这样的激愤之词。

毛泽东读到了这首诗。

他的想法和诗人郭沫若有些不同,写了一首《七律·和郭沫若同志》——

> 一从大地起风雷，便有精生白骨堆。
> 僧是愚氓犹可训，妖为鬼蜮必成灾。
> 金猴奋起千钧棒，玉宇澄清万里埃。
> 今日欢呼孙大圣，只缘妖雾又重来。

善恶不辨的唐僧，似乎主要犯了思想方法上的错误，终究还是可以教育的。给社会带来巨大灾难的鬼妖，才是必须去勇敢斗争进而彻底扫清的危险敌人。

政治家的理性胸襟，一览无余。

毛泽东极为赞美孙悟空立场坚定、爱憎分明的"打鬼"精神。

舞台上如此，现实中似乎也是如此。因为在诗人的感受中，现实中的"妖雾"又重新弥漫起来了。

20世纪50年代末60年代初的中国和世界，在毛泽东看来，实在是多事之秋。

中苏两党关系走向破裂；国际社会主义阵营出现分裂危机；一些国家加入了反华大合唱……

苏美两个超级大国在继续冷战对抗的同时，为了维护各自在战略上的绝对优势，联手保持核垄断，出现谋求缓和的趋势。与此同时，中苏同盟关系开始名存实亡，但中国依然感受着来自美国的巨大压力。

国际形势上腹背受敌，国内形势也不容乐观。"大跃进"失败后的经济建设，还有许多困难和障碍需要去克服。

从1959年开始，无论是在中央会议上的讲话中，还是在会见外宾的时候，毛泽东很喜欢谈论鬼怪妖魔。他常常说：世界上有人怕鬼，也有人不怕鬼。经验证明，越怕鬼，就越有鬼，不怕鬼，就没有鬼了。

毛泽东手书《七律·和郭沫若同志》

为了在社会上倡导不怕鬼的精神，毛泽东还让人汇集中国古代的一些笔记小说，编了一本《不怕鬼的故事》。1961 年初编完后，他在序言里写下了这样的文字——

"难道我们越怕'鬼'，'鬼'就越喜爱我们，发出慈悲心，不害我们，而我们的事业就会忽然变得顺利起来，一切光昌流丽，春暖花开了吗？"

沿着这个思路，两年后，毛泽东和郭沫若又有了一次诗人之间的对话。

1963 年元旦到来时，有感于国际时事的郭沫若，写了一首《满江红》以抒怀——

"沧海横流，方显出英雄本色。人六亿，加强团结，坚持原则。天垮下来擎得起，世披靡矣扶之直。听雄鸡一唱遍寰中，东方白。太阳出，冰山滴；真金在，岂销铄？有雄文四卷，为民立极。桀犬吠尧堪笑止，泥牛入海无消息。迎东风革命展红旗，乾坤赤。"

主题是一目了然：在严峻的国际形势面前，要团结战斗，不怕攻击。

毛泽东从元旦那天的《光明日报》上读到了这首词。或许是被其中"沧海横流，方显出英雄本色"的豪情所激荡，随即作《满江红·和郭沫若同志》——

小小寰球，有几个苍蝇碰壁。

嗡嗡叫，几声凄厉，几声抽泣。

蚂蚁缘槐夸大国，蚍蜉撼树谈何易。

正西风落叶下长安，飞鸣镝。

多少事，从来急；天地转，光阴迫。

一万年太久，只争朝夕。

四海翻腾云水怒，五洲震荡风雷激。

要扫除一切害人虫，全无敌。

词的上阕，嘲笑反动势力的攻击，大致是承袭郭沫若原词下阕的意思，把郭沫若的"桀犬吠尧"发展为"苍蝇碰壁"和"蚍蜉撼树"。

这种自信，似乎比战争年代写的"敌军围困万千重，我自岿然不动"还要超迈。

词的下阕，把"金猴奋起千钧棒，玉宇澄清万里埃"，发展为了"要扫除一切害人虫，全无敌"。

表达的依然是诗人一贯提倡的"打鬼"精神。

不过，诗人的这个愿望，似乎更为急迫了。

"一万年"的拖沓，"从来急"的道理，"光阴迫"的现实，促使他发出"只争朝夕"的号召。

诗人很乐意把自己的这种心情传达给同事和战友。

毛泽东是住在杭州西湖侧畔的汪庄写这首词的。完稿后，他分别书赠正在杭州养病的周恩来以及华东局书记处书记魏文伯。

毛泽东认为，在人与鬼的关系上，"总是在一定条件之下向着它的对方交换位置，向着它的对方转化的"。

促进这个转化，需要特殊的人格精神。

因为在"光昌流丽、春暖花开"到来之前，是冰雪覆盖的严酷寒冬。

这时的国际形势的气候，在毛泽东的感觉中，也恰如一片寒冬。

一个充满使命感的马克思主义者，产生了一种感觉：盛极一时的国际社会主义阵营突然间走向了一个岔路口；在中苏关系出现无法调和的矛盾的情况下，腹背受敌的中国，怎样在世界格局中找到自己新的立足点？中国在自己的前进道路上面临各种势力的阻遏乃至包围的情况下，能不能用崇高的理想把握中国的命运，把握社会主义事业的命运？这些，在他看来，不啻是生死攸关的头等大事。

肃杀的严寒，似乎格外诱发着毛泽东应战和挑战的激越心态。

冬天带来了一个冰冷的世界，也带来了对温暖的无可抑制的渴望。无论世界如何变化，这温暖之源似乎都存在于诗人的心灵深处。

对使命有浓烈的热情，在冬天便有浓烈的诗意。

对使命有执着的坚持，在冬天便有执着的豪气。

毛泽东喜欢雪，那漫天飞舞、让世界纯洁美好的雪。下雪时候，他总是觉得很开心。

1961 年 11 月，毛泽东又一次来到了杭州。

虽然已是冬天，但南方的天气并不太寒冷。不知为什么，他又想起了雪，进而想起了雪中的梅花。

11 月 6 日一大早，他给秘书田家英连写 3 张便条，一心要弄清"雪满山中高士卧，月明林下美人来"这两句诗的来历。很快查清楚，这是明代高启的《梅花》九首之一，全诗为："琼姿只合在瑶台，谁向江南处处栽。雪满山中高士卧，月明林下美人来。寒依疏影萧萧竹，春掩残香漠漠苔。自去何郎无好咏，东风愁寂几回开。"

这天，毛泽东用草书写下全诗，还注明"高启，字季迪，明朝最伟大的诗人"。这个评价此前似乎没有过，可以想见他当时读这首诗时的兴奋状态。

三番五次找古人写梅花的作品来读，显然是在构思自己心中的梅花形象。

最后，毛泽东想到了陆游写的《卜算子·咏梅》。

在陆游笔下，梅花是寂寞的，于生不逢时的处境中，只好孤芳自赏——

"驿外断桥边，寂寞开无主。已是黄昏独自愁，更著风和雨。无意苦争春，一任群芳妒。零落成泥碾作尘，只有香如故。"

俯视世界风云的变幻，托物言志的毛泽东，注视起寒冬腊梅。

被古代诗人反复吟咏过的梅花，或孤独清高，或怀才不遇；或孤芳自赏，或顾影自怜。

一缕梅魂，千古心香，几乎成了寄托上述情怀的共同典型。

再写梅花，脱俗不易，超越更难。

然而，在毛泽东的笔下，终于以前所未有的格调和时代精神，为梅花创造出一种空灵淡远而又热烈绚美的意境，豁然开了一个新生面——

> 风雨送春归，飞雪迎春到。
>
> 已是悬崖百丈冰，犹有花枝俏。
>
> 俏也不争春，只把春来报。
>
> 待到山花烂漫时，她在丛中笑。

雪中的梅花成为一首美丽的诗。

《卜算子·咏梅》，是毛泽东晚年诗词的代表作。

雪，本是严寒的象征。但在诗人看来，朵朵雪花仿佛是春天送来的名片。

尽管冰凌悬挂于危崖，朔风呼啸于旷野，可是，梅花却偏偏要在这时候怒放。她置寒风于不顾，视冰雪如温床，由此越发显得俏色夺目。

没有承受过巨大的压力，参不透这样的梅魂。

没有经历过严峻的挑战，画不出这样的梅骨。

"犹有花枝俏"，一个"俏"字，多么传神，多么美丽。美得劲拔，美得潇洒，美得机智，美得妙趣横生。

更为传神的是"俏也不争春"。

梅花超越时令的开放，无非是为了证明，"冬天来了，春天还会远吗？"当山花烂漫、遍野飘香之际，她也不会故作清高，像梅花仙子那样飘逸远去，而是躲在万花丛中露出会心的微笑。

没有猎猎的真情大志，悟不到这样的梅趣。
没有浩浩的理想胸怀，写不出这样的梅神。

在诗人毛泽东心目中，这梅魂梅骨，梅趣梅神，或许就是在多事之秋，那些始终有骨气、有理想的战士风采。

梅花与雪的故事还没有结束。
依然是冬天的季节，1962年12月26日毛泽东生日那天，诗人又作《七律·冬云》以言志——

> 雪压冬云白絮飞，万花纷谢一时稀。
> 高天滚滚寒流急，大地微微暖气吹。
> 独有英雄驱虎豹，更无豪杰怕熊罴。
> 梅花欢喜漫天雪，冻死苍蝇未足奇。

政治气候和自然气候，在诗人的胸湖上，俨然架起了一座桥梁，一点就通。

灿烂梅花与纯洁冰雪，在诗人的心曲中，仿佛藏伏着共振的丝弦，一拨就响。

《七律·冬云》的意境，无疑是一年前的《卜算子·咏梅》的延续和发挥。

一个是冰悬危崖，一个是万花纷谢。
一个是梅花"俏"于冰，一个是梅花"喜"于雪。
一个是在茫茫飞雪中迎迓浓浓春意，一个是于滚滚寒流中吹出微微暖气。

一个是"红梅赞",一个是"豪杰颂"。

鲜明的品格和高扬的使命感,使毛泽东唱出了"红梅赞"和"豪杰颂"。

都是冬天的歌。

人生不仅是一种客观存在,也应有一种自觉的使命。

真正的人生,既要顽强地学会生存,也要责无旁贷地肩负起使命。

生命因为有了使命才会升华,历史因为有了使命才会变化。

毛泽东对 20 世纪 60 年代前期世界形势特别是国际社会主义运动的判断,在后人眼里,自有可圈可点之处。

但他在诗中营造的冰雪傲梅般的人格精神,却能激发后人无限的感叹。

这时的毛泽东,总是告诫人们:"人是要有一点精神的。"

人如果没有了精神,就等于没有了灵魂。

精神意志的张扬,可以转化为信念和勇气,进而成为对使命的认知和躬行。

世界上总有这样的人,他们为信仰而生活,为使命而奋斗。

第二十一章

千年一叹

　　一部漫长的二十四史，遍布毛泽东的怀疑和诘问。他要向历史挑战了。是帝王将相、英雄豪杰创造历史，还是被正统史书所不容的盗跖、庄屩、陈胜、吴广这些揭竿造反的奴隶和底层的民众创造历史？毛泽东的答案是：一部二十四史的风流人物，应该从这些"奋起挥黄钺"的底层造反者说起。

20 世纪 40 年代，一位国统区的记者到延安采访毛泽东后，发现毛泽东有一个同其他领导人很不一样的地方。

他说：毛泽东"并不是那种一谈政治报告，便将自己的趣味性灵加以贬斥的人物"。

他的结论是：毛泽东"是最懂得中国历史的共产党的行动家"。

读过毛泽东著述的人，常常会生出这样的感慨：现代历史如果没有把毛泽东铸造为革命家和政治领袖，除了写诗，他完全还可能是一位卓有创见的文人学者，是位一流的历史学家和文章家。他依然会在中国的文化史上留下独特的地位。

诗人政治家的另一面，本来就是博览群书的读书人。

在南来北往的考察途中，毛泽东总是携带着一个硕大而沉重的木头书箱。

在西子湖畔、东湖之滨，在广州小岛、长沙蓉园，流传着许许多多毛泽东凝神读书的故事。

在中南海菊香书屋里，至今还放在那里的一张特制木头大床，似乎诉说着毛泽东别具一格的生活状态。

它的一半摆的是各种各样的书，它的另一半，才是主人睡觉的地方。

一部浩瀚的二十四史，毛泽东是从头到尾读过的，并留下了大量的圈画和批注。他读过的一套二十四史，在 20 世纪 90 年代被影印出版后，尽管售价达 16 万元之巨，竟在社会上供不应求，成为后世读书人的典藏精品。1997 年，中国国家主席江泽民访问美国的时候，还把它作为国礼，送给了哈佛大学。

我们可以想象——

毛泽东仿佛斜靠在床上，一旁的灯光勾勒出他身着睡衣、以手托书的剪影。近看，那不时变化的眼神，微微翘起的嘴角，传达着心湖深处泛起的波澜。窗外不时传来夏虫或寒风的鸣叫，春花或秋月的拂动。

忽然，这个同天籁地气、上下古今对话的剪影活动起来，拿铅笔的右手，在书籍的天头地脚之间写了起来。

毛泽东写的是什么呢？

比如，1958 年 1 月 12 日那天深夜，他在南宁住所写的是："我今晚又读了一遍《离骚》，有所领会，心中喜悦。"

比如，1969 年 6 月 3 日那天深夜，他在武汉住所读《南史·陈庆之传》，写的是："再读此传，为之神往。"

周秦汉唐，宋元明清，五千年中国文明史演出的雄壮活剧，确实动人心魄，令人神往。

星河耿耿，银汉迢迢。远逝的历史烽烟，早已化作了一个民族的记忆。

千回百转，千淘万漉。在记忆的河流中，奔涌的应该是历史的兴衰，民族的悲欢，还有那经验和智慧泛起的不尽浪花。

军事家毛泽东，是这些浪花最充实的拥有者。

大诗人毛泽东，是这些浪花最执着的观赏者。

革命家毛泽东，是这些浪花最勇敢的批判者。

思想家毛泽东，是这些浪花最深刻的辨析者。

到了晚年，毛泽东重又上溯到烟波浩渺、浪峰叠涌的历史河道里去游泳了。他的目光穿越遥远的时空，投向若近若远的千年烟尘，还有整个人类历史的风风雨雨。

令人深思的是，进入他胸怀视野的，大都是志大才高而又命运多舛的悲剧性人物。

首先是唐朝文宗时期一个叫刘蒉（fén）的人。

当时，宦官专权，朝中许多官员都不敢说话，而进士出身的小官刘蒉却四处宣传自己翦除宦官的主张。唐文宗举行"贤良方正"科考时，他写了洋洋五千言的对策，直斥朝政，说"宫闱将变，社稷将危"，并提出了一系列削弱宦官势力的办法。

连考官都害怕了，不敢录取他。但被录取的人当中，有人上书唐文宗，宁愿把自己的官职让给刘蒉，也不愿让国家失掉一个人才。

唐文宗也是个怕宦官的人，竟没有采纳。最终，刘蒉遭宦官迫害，屈死他乡。

毛泽东读《旧唐书·刘蒉传》时，特意在刘蒉所写的对策开头处，批了3个字："起特奇。"

似乎言犹未尽，又写一诗——

> 千载长天起大云，中唐俊伟有刘蒉。
> 孤鸿铩羽悲鸣镝，万马齐喑叫一声。

这首《七绝·刘蒉》，写于1958年。

起句便以莫大的时空，造出一介书生刘蒉的不凡气概。虽失意受挫，才不得展，志不能伸，但他仍如中箭摧羽的"孤鸿"，拖着带血的身子于一片沉寂的天空中，向敌对阵营大吼了一声。

这一声，永恒地刻在了青史竹页之上，穿透几千年岁月，在 20 世纪的革命家和挑战者毛泽东心中，激起深沉的回响。

3 年后，1961 年秋风萧瑟的季节，毛泽东从青年时代就特别钟情的屈原，又进入了他的诗思。写下一首题为《屈原》的七绝——

　　屈子当年赋楚骚，手中握有杀人刀。
　　艾萧太盛椒兰少，一跃冲向万里涛。

作为诗人，毛泽东没有把屈原作为诗国的太阳来称颂，而是一个政治家在品评另一个没有展其才志的政治家。

事实上，也是先有一个遭谗去职、放逐漂泊的三闾大夫屈原，才造就了一个能写出《离骚》的流浪诗人屈原。

毛泽东叹其磨难、感其情志的时候，最奇特的体会，是认为屈原的人品和诗品，就像一把"杀人刀"一样，毫不留情地解剖了世世代代的奸佞小人。

憎恨蝇营狗苟、卑劣污浊的"艾萧"小人，乐于在逆境中作坚忍的抗争，这正是毛泽东的人格选择。于是，他赞美屈原"一跃冲向万里涛"这种遇难不屈、以身殉志的大丈夫气概。

让毛泽东赋诗称颂的，还有一个汉初的贾谊。

毛泽东十分欣赏贾谊的《治安策》。1958 年，他把这篇凝聚治国智慧的策论推荐给一些高级干部阅读，还说里面有一股"颇好的气氛"。

贾谊 20 多岁就当了皇帝的高级顾问官。史载他任博士期间，每当皇帝下诏令交付讨论时，老博士们都说不出所以然，独贾谊能"尽为之对"。

汉文帝曾想让贾谊做手握重权的公卿，但遭到一帮贵族大臣的反对，贾谊受排挤并被贬为长沙王太傅。路过湘江的时候，贾谊遥想当年屈原被贬来此的情境，写了有名的《吊屈原赋》。接下来又被派为汉文帝最喜爱的小儿子梁王刘揖的太傅，可惜刘揖骑马坠落而死，弄得贾谊自为无状，在自责中忧郁早亡。

天才短命。毛泽东为之动容。

他连写《七绝·贾谊》和《七律·咏贾谊》两诗，予以评说——

> 贾生才调世无伦，哭泣情怀吊屈文。
> 梁王堕马寻常事，何用哀伤付一生。
>
> 少年倜傥廊庙才，壮志未酬事堪哀。
> 胸罗文章兵百万，胆照华国树千台。
> 雄英无计倾圣主，高节终竟受疑猜。
> 千古同惜长沙傅，空白汨罗步尘埃。

在毛泽东看来，留下《过秦论》和《吊屈原赋》的贾谊，不仅是一个见识深邃的历史学家和文采超拔的文学家，还是居安思危、见微知著和富有远见的改革家。贾谊的《治安策》和《论积贮疏》，提出了一系列治国方略，其改革胆识光照华国。

然而，"雄英无计倾圣主，高节终竟受疑猜"。对青年才俊一往情深的毛泽东，似乎体会到了才志高节总受猜忌这一在历史上难以避免的"人才逻辑"。

从历史到现实的心灵之桥，毛泽东的内心世界逐渐清晰起来。写了具体的历史人物，似乎该从整体上来考虑历史的规律了。

1964年的春天，毛泽东写出了他的咏史诗中最好的作品《贺新郎·读史》——

人猿相揖别。

只几个石头磨过，小儿时节。

铜铁炉中翻火焰，为问何时猜得，

不过是几千寒热。

人世难逢开口笑，上疆场彼此弯弓月。

流遍了，郊原血。

一篇读罢头飞雪，

但记得斑斑点点，几行陈迹。

五帝三皇神圣事，骗了无涯过客。

有多少风流人物？

盗跖庄屩流誉后，更陈王奋起挥黄钺。

歌未竟，东方白。

诗人以咏史的形式，透彻地表达了甚至是总结了自己的历史观。但这又是激情的酝酿、形象的思维、诗意的总结，好似在文明峰巅对文明河谷的俯瞰。

不是吗？开篇就让读者听到天边传来的悠远天籁，百万年前的人类从童年走来。

人猿相别，石具铁器，刀耕火种，人类进化的艰难过程被浓缩为几幅极具情态的画面，宏大的诗意沧桑一步步把读者笼罩。瞬间，诗人一下子亮出了自己的高度——"不过是几千寒热"。

含而不露的平静下面，是沉雄的底气。

混沌的史前文明，就这样轻轻拂过了。

接下来，历史厚重的铠甲打开了，冰山融化了。一览无余的历史原野上，展露出连绵不断的战争，部落之间、民族之间、国家之间和阶级之间

的战争，更展露出让人震撼的斑斑血迹。

这不是一般书生的惊世骇俗之论。

也不是单纯史家从故纸堆里淘出的无奈浩叹。

这是沉淀着不凡经历的革命家、军事家和政治家，在历史的观照中得出的一个宏大结论。

曾有多少神话、史诗、戏剧、传奇，以及市井小说，把对垒、冲突、争斗作为永恒的题材。更不用说军事、政治、经济各个领域更为实际的活动演绎了。

说中国的历史就是一部战争史，或许有些绝对。但基本事实如此。

权威的《中国军事百科全书》记载：从战国到清代2300多年的时间里，据不完全统计，大小战争就有1800多次。

如果一场战争平均打一年，那就占了1800多年，何况有的战争常常持续几年甚至几十年。

熟读《资治通鉴》的毛泽东，在青年时代的一则读书笔记里欣然写道："吾人览史时，恒赞叹战国之时，刘项相争之时，汉武与匈奴竞争之时，三国竞争之时。事态百变，人才辈出，令人喜读。至若承平之代，则殊厌弃之。"在晚年的一次闲谈中，他依然表示：《资治通鉴》那是一部"相砍书"。

"相砍"的结果是，一些阶级胜利了，一些阶级消灭了，这就是历史，这就是几千年的文明史。

这是毛泽东阐发的有名的历史观。

然而，在青灯黄卷之下虚掷生命的古代读书人，有多少是这样看待历史的呢？

毛泽东发现,岁月在史书的编排中失去了真实。一代一代的修史,一代一代的读史,重复着宫闱演变,重复着帝业兴衰,重复着隐恶扬善,重复着偏见与不公。

一部漫长的二十四史,遍布毛泽东的怀疑和诘问。

他要向历史挑战了。

是帝王将相、英雄豪杰创造历史,还是被正统史书所不容的盗跖、庄屫、陈胜、吴广这些揭竿造反的奴隶和底层的民众创造历史?

毛泽东的答案是:一部二十四史的风流人物,应该从这些"奋起挥黄钺"的底层造反者说起。

这与中国革命的经历和毛泽东自身的作为是吻合的。

回想当年——

"地主重重压迫,农民个个同仇",正是他揭竿起义的根本原因。

"唤起工农千百万,同心干",也正是他拥有力量和自信的所在。

毛泽东把历史进步的最高法则,归于人民:"人民,只有人民,才是创造世界历史的动力。"

毛泽东把最高的赞美和最炽烈的虔诚,献给了人民:"六亿神州尽舜尧。"

古人期期向往而不可企及的最贤明的英雄,应该到哪里去寻找?他们近在眼前,就是那些普普通通的亿万群众——"群众是真正的英雄,而我们自己则往往是幼稚可笑的"。

这是毛泽东的名言。

"歌未尽,东方白。"

欲说还休的毛泽东,读史的沉重思索还在延伸,借用诗词来展露史观的灵感和热情,继续迸发。

中国历史上儒家与法家这两大政治思想和实践派别，进入了晚年毛泽东的视野。

这两个派别的分歧，主要在重礼治还是重法治，重怀柔还是重权威，重王道还是求霸道，厚古薄今还是厚今薄古。孔夫子与秦始皇两个人分别是这两方面的代表。而孔夫子的代表性主要在思想礼仪方面，秦始皇的代表性主要在实践功业方面。

几千年中，儒法两派争论不已，历代政治家和思想家都免不了要谈到他们。

1973 年，毛泽东在诗中谈论到了他们。

这就是《七律·读〈封建论〉呈郭老》——

> 劝君少骂秦始皇，焚坑事业要商量。
> 祖龙魂死秦犹在，孔学名高实秕糠。
> 百代都行秦政法，"十批"不是好文章。
> 熟读唐人《封建论》，莫从子厚返文王。

这首诗之所以写给郭沫若，是因为郭老 20 世纪 40 年代在重庆写的《十批判书》里面，称赞孔子"是顺应着当时的社会变革的潮流的"。毛泽东不赞同这个观点。对秦始皇历来遭受非议的"焚书坑儒"之事，毛泽东也多有辩护。这些，他都写进了诗中。

毛泽东为什么反感孔夫子？

在他看来，孔儒们常常是说起来头头是道，做起来则不尽然。除了在文化教育上有些建树外，在事功上却常常说些空话。历朝历代的王公国戚个个都在打儒家和孔子的"仁义道德"旗号，而真正为民谋福利和与民同甘共苦者，少之又少。就是这样，在封建社会竟被捧为"圣人"，那些读了点"圣人"书籍的学子们，竟可以摇头晃脑，把尾巴翘到天上

去。毛泽东的义愤，除五四以来的反孔思潮外，在其性格底色上，也是自有其源。

毛泽东为什么喜欢秦始皇？

诗里说得明显："百代都行秦政法。"所谓"秦政法"，是指秦始皇统一中国后，废除了"封建制"，改成"郡县制"，郡县长官由中央王朝任命，从而稳固了中央集权，也就成为几千年来中国政治体制的一个基本格局。唐代的柳宗元为此专门写了篇《封建论》，称赞秦始皇的这个改革。

从根源上讲，秦始皇的形象，则是那些儒生们弄坏的。原因是他发动过"焚书"和"坑儒"的事件。这对以儒家为代表的知识分子来说，简直是一个致命的打击。正是儒生们的言论，让秦始皇成了"暴君"的典型。

对此，毛泽东认为是件值得"商量"的事情。怎样商量，诗里没有说。想其理由，不外一些儒生咎由自取，因为战国末期，方士吃香，不少儒生干起了方士的活儿，竟把秦始皇也骗了几回。而事实上，坑了几百个儒生后，秦始皇的政府机构里依然保留了大量的儒生。所谓"焚书"，因涉及中国统一后的"思想去向"，主要烧的是六国官书之类，汉兴之后，学统并未中断。这些，近世史家多有辨析。

"历代政治家有成就的，在封建社会前期有建树的，都是法家。这些人主张法治，犯了法就杀头，主张厚今薄古。儒家满口仁义道德，一肚子男盗女娼，主张厚古薄今，开倒车的。"——毛泽东如是说。

毛泽东是革命家，是强调厚今薄古、创造新事物的政治家。他的思想深处，倾向法家一些。但他并不完全否定儒家思想。他经常说些批判儒家的话，或许同他着意要"除旧布新"的现实考虑有关。他毕竟不是一位纯粹的历史学家。

写《七律·读〈封建论〉呈郭老》的时候，毛泽东已经 80 岁了。

这是他写的最后一首咏史诗，也是他一生中写的最后一首诗。

一位现代政治家的最后一首诗，竟是评价老去千年却遗风百代的两位历史人物。

千秋一阕，刻写历史，字字思索。

千年一叹，厚今薄古，声声不倦。

第二十二章

业未竟，
鬓已秋

诗人想象着"文化大革命"这场运动能改变寰宇。恰如他在战争年代行非常之事，以求非常之功一样。然而，诗人晚年的想象有了些滞涩。诗人晚年的歌唱也有了些错杂。在表层风暴的下面，是深层的思绪碰撞，深潜的忧患不安。于是，便有了让人惊讶揣测的最后两句——"凭阑静听潇潇雨，故国人民有所思。"

20世纪 60 年代以后，大概是越来越意识到自己进入了老年，毛泽东反复谈论起生命这个话题。

当然，他用的是一贯幽默的语调，说得很轻松。

他说：我早晚会去见马克思，我已经收到了请柬。

他说：上帝要请我去喝烧酒了。

他说：我只订一个五年计划，以后的事就难说了。

他说：七十三，八十四，阎王不请自己去。我不在的时候，你们要开庆祝会，穿鲜艳的花衣服，还应该放鞭炮。

毛泽东早在青年时代就说过："人之生死，唯聚散而已。由精神与物质之团聚而为人，及其衰老而遂解散之，有何惧哉？！"

这是一个诗人和哲学家坦然而洒脱的生死观。

在轻松随意的背后，是唯物主义者的境界和风范。

作为政治家和战略家，毛泽东对于战友的生死，对于国家的前途，对于政治的走向，却并不轻松，更不随意。

1963 年 12 月，从秋收起义就跟随他转战南北的罗荣桓元帅病逝了。

噩耗传来，他在中央政治局会议上，带头起立致哀。

他说：罗荣桓同志对敌人狠，对党忠诚。对同志有意见总是当面说，不背地里议论人。一个人几十年如一日，不容易。

那段时间，毛泽东讲话很少，若有所思。一天，他突然让护士长吴旭君拿来他的诗稿卷宗，取出一首七律，叫吴旭君读给他听。当读到"国有疑难可问谁"这句时，吴旭君不解地问："主席，是谁能让你这样钦佩？"

毛泽东拿过诗稿，在空白处写了这样一个题目——《吊罗荣桓同志》。

> 记得当年草上飞，红军队里每相违。
> 长征不是难堪日，战锦方为大问题。
> 斥鷃每闻欺大鸟，昆鸡长笑老鹰非。
> 君今不幸离人世，国有疑难可问谁？

罗荣桓逝世，让毛泽东想到了战火硝烟的过去，想到了他深感忧虑的现在和未来。于是，投笔问苍天："君今不幸离人世，国有疑难可问谁？"

这两句，似乎格外地引人注目。它固然说明毛泽东对罗荣桓倚重之深切，但何尝没有另一种信息透露了出来？

对"疑难"不少的"国事"，他忧虑殊深，挥之不去。

这时的毛泽东，感到忧虑的事情似乎很多。

1963年，中苏关系公开恶化，论战加剧。国际社会主义阵营事实上已经分裂。3月间，苏共在莫斯科召开"共产党和工人党代表协商会晤"会议，中国的《人民日报》等发表编辑部文章，说这次会议是公开分裂国际共产主义运动的极其严重的步骤。

同年8月5日，苏联同美国、英国订立了《禁止在大气层、外层空间和水下进行核武器试验条约》。订立这样的条约，在当时尽管是一纸空文，毕竟在形式上是有利于世界和平的。但是，如果联系当时中国的情况，这个条约又确实有引发中国政治家义愤的地方。为了打破超级大国的核垄断，中国核试验的成功正处于指日可待的时刻，而中苏之间是签订了友好

互助同盟条约的国家，订立这样的三家条约，却没有事先通知中国。

这三家条约，关乎中国的国家利益，在毛泽东心里激起的义愤可想而知。他深深地记下了这件事情。

两年后，他把这一义愤连带中苏论战中涉及的分歧，转化为诗情，写了一首《念奴娇·鸟儿问答》——

> 鲲鹏展翅，九万里，翻动扶摇羊角。
> 背负青天朝下看，都是人间城郭。
> 炮火连天，弹痕遍地，吓倒蓬间雀。
> 怎么得了，哎呀我要飞跃。
>
> 借问君去何方，雀儿答道：有仙山琼阁。
> 不见前年秋月朗，订了三家条约。
> 还有吃的，土豆烧熟了，再加牛肉。
> 不须放屁，试看天地翻覆。

先秦的庄子，在他的《逍遥游》里描述过一种奇异的景象。

他说有一种鲲鱼变生出来的鹏鸟，其背有好几千里，它的翅膀，像遮天的云彩；它从北往南飞，一扇动起翅膀，便水击三千里，扶摇一上九万里。

毛泽东的内心深处，一直藏伏着这样的鲲鹏情结。

1918年，他刚刚走出校门，就写下了"鲲鹏击浪从兹始"的诗句。

1945年，在中国共产党还没有夺取政权的时候，他自豪地宣称："从前中国神话中说：有一个大鹏鸟，从北方的大海飞到南方的大海，翅膀一扫，就把中国扫得差不多了。我们也准备那样，准备发展到三百万、五百万，这个过程就要从小麻雀变成大麻雀，变成一个翅膀可以扫尽全中国的大鹏鸟……"

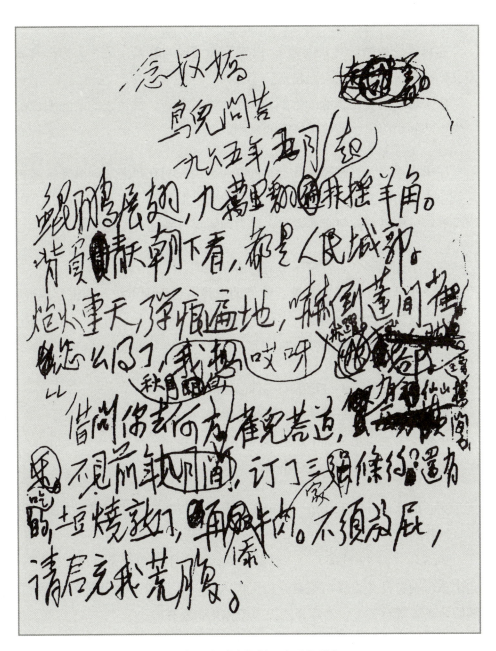

毛泽东手书《念奴娇·鸟儿问答》

1963 年，罗荣桓逝世时，他赋诗慨叹："斥鷃每闻欺大鸟。"

这首《念奴娇·鸟儿问答》，以嘲笑和蔑视的笔调，又一次把古典浪漫文化和现代政治思潮沟通起来。

庄子虚构的自由飘洒的鲲鹏和胆小无奈的蓬雀，被诗人的联想编织在一组生动的画面里，形成了鲜明的对照。

庄子描述说，当鲲鹏高翔远举的时候，有一只在草蓬之间跳来跳去的斥鷃小雀颇不以为然，它抬头问鲲鹏："你看我腾跃而上不过几尺高，不也飞得很有乐趣吗？你何必非得这么费力地图谋飞到远方去呢？"

燕雀不知鲲鹏之志，寓庄于谐，古今一理。

毛泽东延伸了庄子的想象。他借助"背负青天朝下看"的鲲鹏视野，嘲笑那些没见过世面、满足于在草蓬间跳来跳去的斥鷃小雀，一遇到风起云涌的情势，便不知所措，大喊："怎么得了，哎呀我要飞跃。"

小雀的逃避处，不过是虚幻的仙山琼阁。

鲲鹏的理想，却是借助风云来改造世界。

小雀成了患得患失、中途退却的指喻。

鲲鹏成了坚信马列、继续奋斗的象征。

决心继续奋斗的毛泽东，在创作这首《念奴娇·鸟儿问答》之前，回了一趟井冈山。

1965 年 5 月 22 日那天，一到黄洋界，汽车刚刚停下来，他便快步走向山顶，观看良久，深情地对身边工作人员说了一句："这就是黄洋界！"随后让人去察看一下，当年修的工事掩体是否还在。

如今，这里已经是莺歌燕舞，当年的战斗遗迹，依然被精心地保存，昭示着已经成为历史的那段岁月仍被人们所珍视。

有时候，一种心物碰撞的契机，会突然把人的经验一层层剥开，人生隐秘的大门也就一重重开启，让你走进去，再走进去，从时间的深海中打捞起那份泛黄的记忆。

重上井冈山的毛泽东，记忆似乎已把他经历的一切综合起来，甚至覆盖起来。

在保存下来的一段电影资料中，有这样一个镜头：72 岁的毛泽东甩掉跟随的人群，大步走向峰峦崖边，神色凝重地伫立眺望——

追忆从前的往事，已经没有了硝烟血腥，没有了刀光剑影，没有了强势对手，只剩下一望无际的鲜花和田野，一望无际的江山和阳光，一望无际的欢呼和拥戴，还有心灵世界一望无际的比较和缅怀。

这里是他求索中国革命道路的转折地。

这里是培养他的军事天才的最初摇篮。

这里也是他作为别具一格的马背诗人的难忘起点。

这里的山峦，不仅燃烧过他的诗情，还燃烧过他寻求中国革命道路的思想火种。

这次回井冈山，离毛泽东 1927 年引兵井冈，开创中国革命第一块农村根据地，整整 38 年了。

黄洋界上的堑壕已逐渐被历史的风尘淹没，那春雷一样的炮声和殊死搏斗的喊杀声融进了群山。只有当事人才可以体会，战斗是多么惨烈，革命是何等艰难。

这时的毛泽东，心里在想什么呢？

是在寻找昨日的硝烟，是在回味马背生涯的感觉，还是在构想新的战略征程？

大不了再重新回到井冈山打游击——他晚年常常说的这句话，或许透

露着当时的一些心声。

目前可以肯定的是，毛泽东这时在构想他的新作，一首题为《水调歌头·重上井冈山》的词——

> 久有凌云志，重上井冈山。
> 千里来寻故地，旧貌变新颜。
> 到处莺歌燕舞，更有潺潺流水，高路入云端。
> 过了黄洋界，险处不须看。
>
> 风雷动，旌旗奋，是人寰。
> 三十八年过去，弹指一挥间。
> 可上九天揽月，可下五洋捉鳖，谈笑凯歌还。
> 世上无难事，只要肯登攀。

追忆流逝的风烟，让过去和现在的一切都成为诗。

诗人当时还以"念奴娇"词牌写了一首《井冈山》，构思和语境同这首《水调歌头·重上井冈山》大体相似，或许是先写的"念奴娇"，觉得不太满意，便换成"水调歌头"重写。如果加上当年创建井冈山根据地时写的《西江月·井冈山》，毛泽东一生以"井冈山"为题写了3首词。

井冈山，成为毛泽东唯一一个3次倾注诗情的地方。

在诗人重上井冈山的感受中，从革命战争到社会主义建设，38年的历史步伐，留下的除了"莺歌燕舞"的如画江山以外，更重要的是沉淀了"可上九天揽月，可下五洋捉鳖"的豪情，激发着"世上无难事，只要肯登攀"的意志。

这些豪情壮志，既是历史积累下来的精神财富，也是创造未来的动力和信心。

"风雷动，旌旗奋，是人寰。"

红旗，是改变世界的动力和象征，也是诗人特别酷爱的意象。

从"旗号镰刀斧头"到"山下旌旗在望"；从"红旗跃过汀江"到
"风展红旗如画"；从"风卷红旗过大关"到"不周山下红旗乱"；从"红
旗漫卷西风"到"壁上红旗飘落照"；从"红旗卷起农奴戟"到"妙香山
上战旗妍"……

旗帜飘过巍巍井冈，茫茫乌蒙，绵绵六盘，浩浩中国……

一曲曲艰难困苦与诗意盎然的"红旗颂"，注入了诗人缔造红旗、护
卫红旗的生死之情。

《水调歌头·重上井冈山》，让人们隐约看到了一座精神之桥，一座从
昨天到今天进而开辟未来的思想之桥。

毛泽东的诗兴和诗思，就这样走进了一条主题鲜明的通道：他决心按
自己的理想和意志，去揭示命运，去掌握未来。

一年后，他作出了发动"文化大革命"这一全局性错误的决策。

美国传记作家特里尔称：毛泽东具有使人惊讶的能力，其中最令人惊
讶的或许是他晚年对自己的制度所作的打击。

一生都深谙政权无比重要的革命领袖，为了掌握未来，在中华人民
共和国成立17年后，在社会主义制度建立10年后，不惜以73岁的高龄，
毅然发动群众通过全面夺权，去"改造"历半生坎坷亲手缔造并一直倍加
珍视的党和国家领导体制。

或许，他希望用最好的东西来替代已经拥有的现实。

英语里有一句格言：最好的东西是好东西的敌人。

因为世界上根本没有最好的东西，只有更好的东西。

一味追求最好，常常会忽视、轻视乃至厌倦好的东西。

1966 年 6 月，毛泽东离开杭州到了韶山。

在南方，他以极其复杂的心情观察着、思考着"文化大革命"发生后遥远北京漫天波涌的政治形势。

他的观察和思考，属于政治家的，也是属于诗人的。

于是，便有了一首《七律·有所思》——

> 正是神都有事时，又来南国踏芳枝。
> 青松怒向苍天发，败叶纷随碧水驰。
> 一阵风雷惊世界，满街红绿走旌旗。
> 凭阑静听潇潇雨，故国人民有所思。

这是毛泽东写的最后一首关于现实题材的诗，也是唯一一首直接描写"文化大革命"的作品。直到 1996 年，才被正式收入《毛泽东诗词集》公开发表。

在毛泽东生前，很少有人知道这首诗，如今保存下来的是经他审定过的抄件。这首诗当时没有以任何形式流传出来，可能有许多原因，但与作者在诗中表达的复杂心境不能没有关系。

细细品味，"文化大革命"狂飙在北京突起之时，作者"又来南国踏芳枝"，语句虽然轻松，心情却未必如遥远的空间距离所显示的那样作壁上观。接下来"青松怒发""败叶纷落""风雷惊世""旌旗满街"各种意象的描述，依然是剑拔弩张的气氛，依然是因激情投入而显得十分自信的心理状态。

诗人想象着"文化大革命"这场运动能改变寰宇。恰如他在战争年代行非常之事，以求非常之功一样。

然而，诗人晚年的想象有了些滞涩。

诗人晚年的歌唱也有了些错杂。

在表层风暴的下面，是深层的思绪碰撞，深潜的忧患不安。于是，便有了让人惊讶揣测的最后两句——

"凭阑静听潇潇雨，故国人民有所思。"

字面上是人民"有所思"，字底下无疑是诗人"有所思"。

毛泽东在思考着什么呢？

或许在写完这首诗不久的 7 月 8 日给江青的信中，透露了一些消息。

他说："我总感觉不安。我历来不相信，我那几本小书，有那样大的神通。"

他说："同志们往往不信。我是自信而又有些不自信。我少年时曾经说过：自信人生二百年，会当水击三千里。可见神气十足了。但又不很自信，总觉得山中无老虎，猴子称大王，我就变成这样的大王了。"

他说："阳春白雪，和者盖寡。盛名之下，其实难副。这后两句，正是指我。"

他甚至还说："事物总是要走向反面的，吹得越高，跌得越重，我是准备跌得粉碎的。"

这是一些什么样的消息啊！

对发动"文化大革命"，毛泽东虽然总体自信，但其隐忧，却又是那般浓烈。

给江青的这封信，只有两三个人看过，很快就烧掉了。

不好公开示人的隐忧，在毛泽东的胸中积累成了孤独的感受。

20 世纪 70 年代见过毛泽东的尼克松，曾经说过这样一句话：世界上最伟大的人往往是最孤独的人。

毛泽东则对来访的基辛格说："我是为来访者准备的一件陈列品。"

晚年毛泽东，被人抬到了神的位置，几乎没有人能够和敢于在平等的位置上同他交流。那份寂寞，那份苦涩，该是多么深沉。

《七律·有所思》在"有所思"3字之后，陡然打住，没有了下文，但留下的不是句号，而是一个大大的问号。

10年以后，他用政治家而非诗人的方式对此作了解答——发动"文化大革命"，这件事拥护的人不多，反对的人不少。

几多失落，几多悲患。

一位在民主革命时期带领人民创造性地解决所有中国革命复杂、艰难、严峻、危急问题的历史巨人，却在晚年对新制度模式的无畏探索中，在令人回肠荡气的一搏中，深深地意识到了自身的局限。

1972年，当尼克松对毛泽东说，主席的著作推动了一个民族，改变了整个世界时，他却绝非谦逊地回答说："我没有能够改变世界，只是改变了北京郊区的几个地方。"

这时的毛泽东，或许已清醒而痛苦地意识到，自己倾尽心血发动的这场"革命"，并没有扫除积弊，创造一个他始终关注的真正实现人民群众主体地位的"新世界"，没有真正出现一派"莺歌燕舞"的光明气象。

这时的毛泽东，或许已清醒而痛苦地意识到，被自己珍视为平生所为两件大事之一的"文化大革命"，没有普遍得到跟随自己几十年的高层干部的理解和拥护；自己以巨大的激情写作的这部"史无前例"的"文化大革命"作品，没有获得绝大多数"读者"的赞赏。

毛泽东开始对中国的前途表现出极大的忧虑。生命终点的临近，更使他对现实的困境感到无奈。

正像当时误传为毛泽东所作的一首词里说的那样："业未竟，鬓已秋。江山靠谁守？"

心有余而力不足的诗人晚年，面对"一墙古籍半床书"，吟哦陈亮的

"古今几人能会"，感叹庾信的"树犹如此，人何以堪"。虽"独有豪情，天际悬明月"，但难免是"廉颇老矣，尚能饭否"？

他的女儿李敏曾这样回忆——

"爸爸晚年的生活是孤苦的。爸爸的内心是孤独、寂寞的；爸爸的内心也是很矛盾很复杂的。""文化大革命"中期的一次见面，"我们两人是长时间地相对无语"。

回肠荡气的一搏，带来的是回肠荡气的悲剧。

"风雷惊世"的反潮流，带来的是"风雷惊世"的大孤独。

晚年毛泽东孤独，或许是因为他站得太高太虚。

高处不胜寒，虚处脚不稳。谁站得最高最虚，谁就最孤独。

纵然是"无限风光在险峰"，但有多少人会义不容辞地去跟着他攀登那缥缈的绝顶险峰呢？

晚年毛泽东孤独，或许是因为他走得太快太远。

他嫌"一万年太久"，要"只争朝夕"。

结果呢？就像鲁迅先生说的那样，"吾行太远"，回头一看，"就只我一个人"。也像毛泽东自己在诗里说的那样，"国有疑难可问谁？"

这样的孤独，便有了些悲剧意味。

为了即将的胜利作出巨大的奉献和牺牲，不是悲剧，而是历史的正剧。

悲剧的要旨在于，一个向往崇高并且去争取胜利的人或群体，把不可能的东西当作可能的东西来推行，把错误的东西当作最有价值的东西来实践，并且为了捍卫它而作出巨大的牺牲。

结果呢？就像列宁说的：历史走错了房间。

　　毛泽东试图从根本上解决红色江山的社会根基，这种目的的神圣性和崇高性使他在决策时具有一种卓绝意志。然而，"天下大乱"的结果，却没有像预期那样出现"天下大治"。现实的困顿和多数人的不理解、不拥护，又仿佛强化了他悲壮的使命感和忧患意识。

　　毛泽东不仅用笔写诗，他也用自己的行为写诗。
　　在毛泽东用行为写的诗里，产生了后来的历史需要去勘正和修改的作品。

第二十三章

风骚行

"推翻历史三千载,自铸雄奇瑰丽词。"一切创造性人物,一切"精神之花"的栽培者,都有一个共同特征,他们总在希求着什么"非分之物"。正是这"非分之物",使毛泽东在 20 世纪的中国,成为传统风骚的卓越继承者和创新者。

1972年9月的一个晚上，毛泽东在他的书房里会见了来访的日本首相田中角荣。

毛泽东指着堆积在书房里的书说："我有读不完的书。每天不读书就无法生活。"随后，他又指着一套六卷本的《楚辞集注》说："这套书是送给田中首相的礼物。"

这次见面给田中角荣留下了深刻印象。他感慨地对自己的秘书说："毛泽东的确是一位圣人，是一位诗人、哲学家和导师。"

当我们仰望一棵参天树，可曾注视过它的土壤？

当我们掬起一捧长江水，可曾想到过它的源头？

没有肥沃的诗歌土壤，产生不了伟大的诗人和史诗般的华章。

卓越诗人的横空出世，脚下必定有奔流不息、万世不竭的文化滋养。

毛泽东，一生都在梳理中国古代诗词这条精神长河，在那里披沙拣金。

你看他：借一弯斜照汉家宫阙的冷月，折一缕渭城朝雨的柳丝，唱一曲大江东去的浩歌，点一盏醉里看剑的灯火，沿着悠长的风骚故道溯流而上——

煌煌楚骚汉赋，嶙嶙魏晋风骨，巍巍盛唐气象，咚咚大宋声韵，猎猎金元缕曲——奔来眼底。

大风歌，黄莺儿；边塞曲，杨柳风——交响合唱。

《诗经》以下，中国诗歌源远流长的延伸路上的山峦奇峰，曲径直道，毛泽东都以极大的兴趣登觅寻视。他经常索要的古代诗集，数不胜数。有人做过统计，毛泽东亲笔圈画过的古代诗词，涉及 400 多位古代诗人，当在 1200 首以上。

其中有：怒发冲冠的报国志，床前明月的故乡情，独上西楼的长相思，草长莺飞的江南梦，春光乍泄的蝶恋花，斗霜傲雪的一剪梅。

它们或刻写历史，或鞭挞黑暗，或思索人生，或憧憬光明。

毛泽东读古典诗词的范围不仅广泛，也极其专精。

比如，1957 年 12 月，他提出要把历代名家注解的《楚辞》以及有关屈原的著作都尽量收集给他。工作人员只好请当时的文学研究所所长何其芳开列了一个目录，经过两个多月的努力，才把古今有价值的各种《楚辞》版本和有关著作搜集了 50 多种送给毛泽东。

在那段时间里，毛泽东比较集中地阅读了这批书。

1974 年 8 月 25 日，重病缠身的毛泽东，写下了"唐宋名家词选"这个书名，告诉工作人员，他要看这本书。另有一本新中国成立前出版的《元曲选》，毛泽东也不知读了多少遍。

1975 年夏天，他的眼睛患白内障，已经不能看书了，又请人帮助他读书——实际上是"听书"。

"听书"过程中，毛泽东感到，当时的中国，实在缺少古典诗词歌赋的好选本，便对帮他读书的工作人员说：咱们搞一部吧，选它 500 首诗，500 首词，300 首曲，30 篇赋……

1976 年 2 月 12 日，他还亲笔给一位大学教授复信，谈论如何理解李商隐的诗，他说："李义山的无题诗现在难下断语，暂时存疑可也。"

言为心声，书为心画。毛泽东不仅读诗、品诗，还以其独特的毛体书

法，写下了一首首他喜欢的作品。

中央档案馆1993年编辑的十卷本《毛泽东手书选集》，有两卷是他书写的古典诗词，涉及90多位诗人，共有230多首诗词歌赋。

早在20世纪40年代，毛泽东构想中国新文化发展道路的时候，便以政治家的胸怀昭示人们："中国长期封建社会中，创造了灿烂的古代文化。清理古代文化的发展过程，剔出其封建性的糟粕，吸收其民主性的精华，是发展民族新文化，提高民族自尊心的必要条件。"

毛泽东一生钟情古典诗词，孜孜不倦地躬行着他的这一主张。

中国古代灿烂的诗流，是通向毛泽东心田的精神长河。

正是这精神长河，流经新的时代，在20世纪大变革的土壤上，浇灌出现代中国革命的史诗奇葩。

1945年，毛泽东在重庆，曾给现代诗人徐迟写下3个字——"诗言志"。

诗言志，是中国古代诗词长河的主航道。

没有理想，没有磨难，便没有对不合理现实的真切感受。

没有忧虑，没有悲愤，没有抗争，没有进取，便没有真情大志的佳作。

中国古代许多诗人，追求着人品与诗品的和谐，追求着道德与才华的统一。无论居庙堂之高，还是处江湖之远，他们都以生命的真诚，栽种诗歌的花朵。

在毛泽东的阅读中，他特别瞩目、密加圈点和批注的，是那些遭受环境压抑志不能伸的诗人诗作，是那些大悲大患的诗人诗作，是那些意气真诚的诗人诗作。

在毛泽东的视野里，这些诗人诗作迎面走来——

有"路漫漫其修远兮，吾将上下而求索"追求理想的屈原。

有"老骥伏枥，志在千里，烈士暮年，壮心不已"的曹操。

有"天子呼来不上船"笑傲红尘的李白。

有"国破山河在"而老泪纵横的杜甫。

这一边有听一曲琵琶，便泪洒青衫的白居易。

那一边有登一座高楼，便心忧天下的范仲淹。

大江上有苏东坡月下把酒，声声向苍天发问。

灯光下有辛弃疾挑灯看剑，夜夜梦沙场点兵。

更有那柳永为"三秋桂子，十里荷花"吟咏歌唱。

还有那李清照为"梧桐更兼细雨"凄凄黯然神伤。

展读这些老去千年的诗人诗作，毛泽东是在倾听，是在感叹，是在对话，还是在倾诉那不平之鸣？

在这条精神河流中，毛泽东特别欣喜那诱人的浪漫之波。

1958 年 1 月，在南宁中央工作会议上，他非常坦率地向党的高级领导干部们讲述了自己的诗词爱好。他说：学点文学，光搞现实主义的一面不好，李白、李贺、李商隐，搞点幻想。

一年后，在庐山召开的八届八中全会上，他专门为会议写了一篇文章，说屈原开创的骚体诗赋，"是有民主色彩的，属于浪漫主义流派，是对腐败的统治者投以批判的匕首"。

奇诡的想象世界，博大的时空意识，对现实不拘成规的超越，主观个性的强烈抒发——这是浪漫主义的精髓。

在艰难中奋起抗争，在曲折中永远乐观，在决策上不拘一格，站在此岸思考着彼岸，推动历史变化进而设计着未来——这是战士、思想家、战略家毛泽东的形象。

浪漫主义和毛泽东，在精神品貌上的沟通印证，是不难体会到的。

古代现实主义诗人笔下的民生疾苦，也时时拨动着这位追求民主和平等的革命家的心弦。

翻阅江州司马白居易被沦落风尘的艺妓感动得流泪时写的《琵琶行》，毛泽东看到了古往今来的读者多少有些忽略的伟大感情。

他批注说："江州司马，青衫泪湿，同在天涯。作者与琵琶演奏者有平等心情。白诗高处在此不在他处。其然岂其然乎？"

白居易是琵琶女的知音，毛泽东是白居易的知音。

他完全凭着记忆，书写下600余言的《琵琶行》。

现实主义作品，常常给毛泽东带来现实政治的启迪。

1958年3月，在成都中央工作会议期间，毛泽东专门游览了杜甫草堂。望着陈列在橱内的明清以来各种版本的杜甫诗集，他感慨道："是政治诗。"随后又专门借阅了杜甫草堂收藏的12部各种版本的杜甫诗集。

他随后来到武侯祠，观看各种楹联。

"能攻心则反侧自消，从古知兵非好战；不审时即宽严皆误，后来治蜀要深思。"毛泽东在这副楹联下久久驻足，欣赏之情，溢于言表。随后要求把武侯祠的30多副楹联全部收集起来给他阅读。

正是在成都会议期间，毛泽东动手编选了两本诗集，一本叫《诗词若干首（唐宋人写的有关四川的一些诗和词）》，一本叫《诗若干首（明朝人写的有关四川的一些诗）》。两个集子选了30多位古代诗人的90多首作品，全都印发给了与会者。

在古代诗词长河中，向来有豪放和婉约两个派别。毛泽东明确宣示，他"偏于豪放，不废婉约"。

1963年，当他在一次中央会议上听到有人说轻音乐是抒情的，重音乐是战斗的，应该提倡战斗的作品时，禁不住反驳说："战士就不需要抒情吗？宋词也是这样的嘛，有苏轼、陆游的豪放派，也有柳永、李清照的婉约派，婉约派就是讲爱情的。"

在毛泽东的藏书中，凡是收有李清照的《醉花阴》这首凄婉哀丽之作的集本里，都留下了他对该词的圈画痕迹——

"莫道不销魂，帘卷西风，人比黄花瘦。"

当他的身边工作人员要同爱人约会时，他可以停下工作，为她抄写《诗经·静女》中的几句话——

"静女其姝，俟我于城隅，爱而不见，搔首踟蹰。"

他还把秦观的《鹊桥仙·七夕》抄写下来，送给身边的卫士——

"柔情似水，佳期如梦，忍顾鹊桥归路。两情若是久长时，又岂在朝朝暮暮。"

在古代诗词长河中，爱国主义是诗人们最普遍也最深沉的情感。这一情感，在面临河山分裂的南宋词人陆游、辛弃疾、张元干、岳飞、张孝祥、陈亮、文天祥笔下，汇聚成慷慨激越的豪放声浪。

作为伟大的爱国主义者，毛泽东常常被这些慷慨悲歌所感动，甚至震撼。越到晚年，越能激发起他深沉的共鸣。

一张由昆曲艺术家蔡瑶仙演唱的张元干的《贺新郎》唱片，或许会告诉人们毛泽东的心声。他曾经整整一天放着这盘录音。

是什么打动了他——

"梦绕神州路，怅秋风，连营画角，故宫离黍。""万里江山知何处？回首对床夜语。雁不到，书成谁与？"

或许，岳飞的《满江红》也会告诉你毛泽东的心声。

在1975年7月23日接受眼睛白内障手术的时候，他特意让工作人员播放岳美缇演唱的岳飞的《满江红》，在仰天长啸、壮怀激烈的词曲声中，

他被送上手术台，被送下手术台。

"死去元知万事空，但悲不见九州同。王师北定中原日，家祭无忘告乃翁。"

陆游写的《示儿》诗，曾感动多少仁人志士。

毛泽东生前改写了这首诗。他说："人类今娴上太空，但悲不见五洲同。愚公尽扫饕蚊日，家祭无忘告马翁。"

作为一个信仰马克思主义的爱国主义者，毛泽东的爱国情怀又别有一番风景。

中国古代诗词的精神长河，流到近代，产生了一位和毛泽东的心息息相通的卓越人物。他就是鲁迅。

毛泽东称鲁迅是现代中国的第一"圣人"。

1954年，毛泽东到浙江绍兴参观了鲁迅的故居，在鲁迅经常提到的三味书屋和百草园里徘徊寻望。

他对陪同的浙江省委书记谭启龙说：绍兴是越王勾践卧薪尝胆的地方，也是中国现代大文豪鲁迅先生的家乡，他有两句名言你知道吗？"横眉冷对千夫指，俯首甘为孺子牛"，我们共产党人就应该有这种精神。

毛泽东喜欢鲁迅的小说和杂文，也格外爱读鲁迅的旧体诗。

1959年3月，文物出版社刻印了一册线装本《鲁迅诗集》，收入了54首作品。这本诗集，毛泽东一一细读，留下不少批画。

让毛泽东特别感慨的是，鲁迅不仅在孤寂中坚忍苦斗，还能在黑暗中看到光明。1961年10月，他写下鲁迅的"万家墨面没蒿莱，敢有歌吟动地哀。心事浩茫连广宇，于无声处听惊雷"，送给来访的日本朋友。他担心日本朋友看不懂，又特意嘱咐陪见的郭沫若帮助翻译成日文。

这一年，正好是鲁迅诞辰 80 周年。毛泽东读其诗，品其人，专门写了两首七绝，题目叫《纪念鲁迅八十寿辰》——

博大胆识铁石坚，刀光剑影任翔旋。
龙华喋血不眠夜，犹制小诗赋管弦。

鉴湖越台名士乡，忧忡为国痛断肠。
剑南歌接秋风吟，一例氤氲入诗囊。

1933 年 2 月，鲁迅为纪念在上海龙华被杀害的 24 名革命青年，写了一篇《为了忘却的记念》。他说："在一个深夜里……我沉重的感到我失掉了很好的朋友，中国失掉了很好的青年，我在悲愤中沉静下去了，然而，积习却从沉静中抬起头来……"

鲁迅的"积习"，就是以笔为旗的抗争。

除了这篇杂文，鲁迅还写了一首《七律·无题》，忍不住发出这样的怒吼："忍看朋辈成新鬼，怒向刀丛觅小诗。"这一怒吼，在毛泽东心里唤起深深的回响，于是便有了"龙华喋血不眠夜，犹制小诗赋管弦"。

由鲁迅，毛泽东想到了浙江绍兴历史上的雄杰名士。

这里有留下《剑南诗稿》的南宋大诗人陆游。有辛亥革命志士，自号鉴湖女侠的秋瑾，她牺牲前留下了"秋风秋雨愁煞人"的慷慨诗句。

"剑南歌接秋风吟。"在毛泽东看来，鲁迅和他们一样，都是"忧忡为国痛断肠"的志士，他们的爱国诗作充溢着烟云升腾般的炽热情怀和崇高气节。

近代以来，中国开始了千年未有之大变局。

曾经被国人称为"蛮夷"的西方人和邻近的"东洋人"，一手端着大炮，驾着军舰，挥着毛瑟枪；一手捧着《圣经》、达尔文、西医、电报；

一手抱着三权分立、议会制度或者君主立宪，强行闯入了中国。

强行闯入者从来不需要什么理由，如果有理由，那就是因为他们强而你弱。

千年未有之大变局，原本就是千年未有之大危机、大冲击。

大危机、大冲击必然产生大精神，呼唤大英雄。

列强的侵略，残酷地切割着诗人们的赤子之心。

救亡图存，舍身报国，他们书写着时代的精神气质。

中国的诗坛，屡屡响起呼唤英雄的黄钟大吕。

这里有谭嗣同的"我自横刀向天笑，去留肝胆两昆仑"。

这里有黄遵宪的"杜鹃再拜忧天泪，精卫无穷填海心"。

这里有鲁迅的"寄意寒星荃不察，我以我血荐轩辕"。

中国诗人的激烈壮怀，中国风骚的雄强气度，使中华民族的精神长河在近代以来的河床上，再一次奔涌出爱国主义的惊涛骇浪。

它披带一路风尘，抛洒一路血泪，挟裹一路呐喊，让无数志士动容鼓舞，感发兴起。

没有从古到今这许许多多的优秀诗人，不可能有诗人毛泽东。

千古诗人的文化土壤，养育了诗人毛泽东。

诗人毛泽东，也映照了这些诗人的不朽。

接受，是服膺和适应。

创造，是立异和升华。

诗人毛泽东有一个健康的"诗胃"，他吐纳古人之长却没有追步古人之尘。

在古代诗人面前，毛泽东善于接受，也善于创造。

"推翻历史三千载，自铸雄奇瑰丽词。"

一切创造性人物，一切"精神之花"的栽培者，都有一个共同特征，他们总在希求着什么"非分之物"。

正是这"非分之物"，使毛泽东在 20 世纪的中国，成为传统风骚的卓越继承者和创新者。

第二十四章

诗人谢幕

毛泽东的歌唱，成为绝唱。有的诗人活着，诗却死了。有的诗人死了，诗却活着。岁月推移，没有磨灭不朽的诗篇。时光流逝，没有沉埋诗人的形象。诗篇注入了心血，自然会生命绵长。形象经历了沧桑，更显得新鲜明亮。

1945 年在重庆，因为柳亚子的索诗，毛泽东在一封信中第一次谈到了自己的诗词风格。

他称道柳亚子的诗"慨当以慷，读之使人感发兴起"。接着说，自己的作品，"似与先生诗格略近"。

毛泽东把自己和柳亚子，都归于豪放一路。

"才华信美多娇，看千古词人共折腰。算黄州太守，犹输气概，稼轩居士，只解牢骚。"

在近代诗坛独执牛耳的柳亚子，从毛泽东的诗中，读出了不让苏东坡、辛弃疾这些豪放大家的独特品格。

如果把视野放得更开，在中国诗史上，毛泽东的确是一位别开生面的巨匠。

屈原，中国诗史上第一位个性化诗人，开启浪漫主义先河的大师，最大的愿望是辅佐明君。而毛泽东本身就是一位开辟时代的政治家。

屈原是在做大政治家的梦想破灭之后，成了诗人。毛泽东是在为理想而奋斗和理想的逐步实现过程中，写出了他的诗篇。

诗仙李太白的确潇洒、狂放，他鄙视"摧眉折腰事权贵"，他高唱"为君笑谈尽胡沙"。然而，他一生没有赶上看懂一份军事地图的机遇。醉卧长安的诗人，不可能体会到万里戎机的玄妙和辛苦。

黄州太守苏东坡，以一曲音节高亢、景象开阔的"大江东去，浪淘尽，千古风流人物"，领袖豪放词派。但他在一番"故国神游"之后，发出的却是"人生如梦"的喟叹。

稼轩居士辛弃疾，"壮岁旌旗拥万夫"，有一番驰骋疆场的风云生涯。但到中年以后，便只能"梦回吹角连营"，低唱"闲愁最苦"，一腔抱负化作泡影。

历史上的浪漫者和豪放派走远了。

在20世纪中国的旧体诗坛上，又出现了毛泽东和柳亚子两位豪放大家。他们的诗交，成为中国文人佳话的现代回响。

清末秀才柳亚子，一生追求自由民主，是一位不凡的人物。他是同盟会元老，民主主义革命家，又是近代中国最有影响的旧体诗社南社的盟主。

从1926年在广州同毛泽东相识以后，他多次在自己的诗中写到毛泽东，还频繁地赠诗毛泽东。

投桃报李，毛泽东一生只写过6首唱和之作，其中3首是步柳韵之作。

两位豪放诗人，似乎很容易实现心灵的沟通。

毛泽东在1949年进北京之初写的《七律·和柳亚子先生》，就是一个例证——

> 饮茶粤海未能忘，索句渝州叶正黄。
> 三十一年还旧国，落花时节读华章。
> 牢骚太盛防肠断，风物长宜放眼量。
> 莫道昆明池水浅，观鱼胜过富春江。

坦诚直率的柳亚子，在1949年到北平后，连续遇到几件不顺心的事

毛泽东手书《七律·和柳亚子先生》

情，不免有些牢骚，甚至想像东汉名士严光归隐浙江富春江一样，回乡隐居。他还专门给毛泽东写了一首诗，传递自己的牢骚。

这首七律便是毛泽东读完柳诗的唱和之作。

作为政治家和即将诞生的新中国的开国领袖，毛泽东在诗中回顾了两人于广州饮茶、重庆论诗的情谊，暗示共产党不会忘记长期合作的老朋友，随后委婉地劝说柳先生不要"牢骚太盛"，要把眼光放远一些，先暂时住在颐和园昆明湖畔耐心等待，将来参政议政必定胜过回乡隐居。

4月29日写完这首和柳之作，毛泽东当即派秘书田家英把它送给了柳亚子。柳亚子把此事载入日记："归得毛主席惠诗，即次其韵。"所谓"即次其韵"，是指他又作了一首《次韵奉和毛主席惠诗》，其中有"昆明湖水清如许，未必严光忆富江"之句。

他显然是接受了毛泽东的劝说。

两天后，毛泽东又带着妻子和女儿，从双清别墅乘车到颐和园益寿堂造访柳亚子。他们先在屋里谈了一会儿诗词，随后出门，联步走过著名的长廊，又乘画舫泛游昆明湖。

毛泽东对柳亚子说：先生是位大诗人，有千百万的读者喜欢你的大作，我就是千百万读者中的一个。

柳亚子表示，自己写的都是老一套，很想写与现实生活紧密结合的诗，但是很不成功。最近读了毛主席的诗词，心里真是痛快。

与润之"谈诗甚畅"——柳亚子在日记里记下了当天的感受。

又过了4天，毛泽东和柳亚子一同去香山拜谒了孙中山的衣冠冢。随后毛泽东邀请柳亚子夫妇到双清别墅共进午餐，还请来了朱德和田家英作陪。席间所谈，自然离不开诗词。

"池塘生春草""空梁落燕泥""竹外桃花三两枝，春江水暖鸭先知"，"一九四九年五月五日柳先生惠临敝舍，曾相与论及上述诸语，因书以为

纪念。"

毛泽东在柳亚子的《羿楼纪念册》上，题写了上述诸语。

在 20 世纪中国旧体诗坛上，毛泽东是一颗高悬璀璨的明星，但不是一颗孤独的星。除了柳亚子，他还有很多诗友文朋。

在这样一个群体中，毛泽东同他们或相互唱和，或相互切磋。一片赤诚诗心相待，一派文人意气共赏。

因为他们生活在、追寻在同一个诗的世界。

在老一辈人中，他把自己新写就的《浪淘沙·北戴河》和《水调歌头·游泳》抄寄给民主人士黄炎培。他细读章士钊的百万言的《柳文指要》，写信同他讨论唐代韩愈和柳宗元的诗文……

在同一辈人中，他同郭沫若、周世钊唱和，还屡屡请郭老帮助修改自己的诗词，仿佛经过郭老"斧正"之后，他才放心。

在文化界人士中，他和周谷城谈《离骚》，谈李商隐；他请臧克家改诗，讨论诗歌的发展方向；他看了袁水拍发表的新诗，立刻写信表示自己的意见。

在党内领导干部中，他评改陈毅的诗作；他称道董必武的五律和叶剑英的七律写得好；在报上读到叶剑英的《七律·远望》后，当即背诵下来，几个月后又书写给自己的孩子们。

在身边工作人员中，他几度为胡乔木改诗，更是一段佳话。只要读一读胡乔木晚年给《人比月光更美丽》这部诗集写的"后记"，便可体会毛泽东鼓励后学的殷殷之情了。

胡乔木说：自己的诗词"是在毛泽东同志的鼓励和支持下写出来，经过他再三悉心修改以后发表的。我对毛泽东同志的感激，难以言表。经他改过的句子和单词，确实像铁被点化成了金……"

毛泽东生前比较集中地公开发表自己的诗词，一共有 3 次。

1957 年 1 月，在《诗刊》的创刊号上面发表了 18 首。

1962 年 5 月，在《人民文学》上发表了由别人收集的 6 首。

1963 年 12 月，出版《毛主席诗词》，共收 37 首。

为编选《毛主席诗词》，诗人倾注了大量心血。

正式出版前，他让人专门印了一个征求意见本，还召开了一个有 20 多人的高层会议进行讨论。与会者有朱德、邓小平、彭真、郭沫若、周扬、田家英、何其芳、冯至、田间、臧克家、袁水拍……

光看这个名单，就知道毛泽东对出版自己的诗作是何等重视。有的作品，他也根据别人的意见，作了字词改动，或者自己主动作个别修改。这就是读者今天看到的毛泽东诗词个别词句和留存下来的手迹不完全一致的原因。

这本诗集的出版，引出了一个有趣的故事。

1964 年 1 月，山东大学《文史哲》杂志发表了一组"笔谈学习毛主席诗词十首"的文章和附词。其中有该校中文系教授高亨写的一首《水调歌头》。由于该词对毛泽东的创作概括比较恰当，仿佛毛泽东的自述一般，便很快流传开来，甚至被一些人误认为毛泽东本人之作。

此事惊动了中央领导层。1966 年 2 月，康生在武汉当面问毛泽东，以求证实。毛泽东哈哈一笑，说：词写得不错嘛，有气势，不知是哪个知识分子写的。

查实之后，为正视听，《人民日报》1966 年 2 月 18 日第六版右上角，用花边框起重新发表了这首诗，说明为高亨所作。

这是一首怎样的词呢？

"掌上千秋史，胸中百万兵。眼底六洲风雨，笔下有雷声。唤醒蛰龙

飞起，扫灭魔炎魅火，挥剑斩长鲸。春满人间世，日照大旗红。

抒慷慨，写鏖战，记长征。天章云锦，织出革命之豪情。细检诗坛李杜，词苑苏辛佳什，未有此奇雄。携卷登山唱，流韵壮东风。"

文采风骚，从来靠的是大手笔。

金戈铁马，总会唱响起大风歌。

毛泽东，这位承续中国文化根脉的诗人，不再写古人的怀才不遇，不再写古人的看破红尘，不再写古人的寒蝉凄切，不再写古人的报国无门。

"赤橙黄绿青蓝紫，谁持彩练当空舞？"

就像诗人自己描述的那样，他的那些气贯长虹的诗词，如同一条五彩缤纷的长长画廊，把人们，也把毛泽东自己，引向中国革命和建设波澜壮阔的奇峰异景之中。

这些奇峰异景，也极大地感染了外国人。

在会见外宾的时候，常有人主动谈起毛泽东的诗词。

1960 年 5 月，来自拉丁美洲的客人对他说：帝国主义没有注意到一个问题，就是主席的诗在拉丁美洲流传很广，人们非常喜爱，很受欢迎。

毛泽东回答：我没有准备我的诗在国外得到赞成。我过去的诗是反帝反封建的，全世界现在还是反帝反封建的问题。诗是人民创造的，我们是人民的代言人。

在外国人面前，毛泽东时常感慨，新中国成立后，自己写诗太少了。他甚至说，一些政治问题把他的诗意都赶到九霄云外去了。

诗人似乎格外怀念战争年代骑在马背上哼诗的写作状态。

1955 年，来访的法国前总理富尔问起他的诗歌创作，毛泽东回答说："这是以前的事了。我的确曾经写诗，那时我过着戎马生活，骑在马背上有了时间，就可以思索，推敲诗的押韵。马背上的生活真有意思。有时我回想起来，还觉得留恋。"

有人说，少年是童话，天真烂漫；青年是诗歌，热情奔放；中年是小说，丰富动人；老年是散文，含蓄隽永。由此构成了不同色彩依次变幻的人生四季，并进而使人拥有了不同的感受和丰富多彩的情感底色。

对毛泽东来说，充满诗意地去感受世界、理解世界和改造世界，似乎是他相当浓重且颇为一贯的情感底色。

毛泽东一向不赞成对他的作品作统一的注解。

1963 年《毛主席诗词》出版后，郭沫若曾经问他：是否要出一本主席诗词的解释本？毛泽东回答：没有必要。唐诗三百首，流传多少代都没有统一的解释，我的诗词也让别人去理解吧。

1964 年，周世钊打算撰写评论文章，连写两封信向毛泽东请教对诗集中一些作品作何理解。

毛泽东回复："拙作解释，不尽相同，兄可以意为之。"

1966 年，在胡乔木主持下，一些人编了一本《毛主席诗词》的注释本，送到毛泽东那里，依然被否定了。

毛泽东的理由是："诗不宜注，古来注杜诗的很多，少有注得好的，不要注了。"

然而，对社会上各式各样的注解，诗人也并非全不在意。他曾经有过一次主动的注释。

1958 年 12 月，在广州的小岛宾馆翻阅文物出版社刻印的《毛主席诗词十九首》时，毛泽东写下了这样一段文字——

"我的几首歪诗，发表以后，注家蜂起，全是好心。一部分说对了，一部分说得不对，我有说明的责任。……因而写了下面的一些字，谢注家，兼谢读者。"

毛泽东为诗集中的 12 首作品写了说明性的批注。

这些注解当时没有公开，实际上成了诗人对自己的创作心境的"个人回忆"。

1973 年 7 月，在中南海游泳池那间卧室兼书房里，毛泽东和来访的诺贝尔奖获得者杨振宁，有过一次别有深意的对话——

杨振宁："我读到主席的《长征》那首诗，很受鼓舞。"

毛泽东："长征是我们同蒋介石作斗争，那首诗是我们长征快结束的时候写的。"

杨振宁："毛主席的诗我都念了，起头不懂，看到注释后，懂得多一点。"

毛泽东："有些注释不大对头。就像《诗经》，是两千多年以前的诗歌，后来做注释，时代已经变了，意义也不一样。百把年以后，对我们的这些诗都不懂了。"

这是诗人的谢幕词吗？或许是的。

这样的谢幕词，仿佛有点忧虑。

这种忧虑，不知是属于诗人的，还是政治家的。

倒是一个外国政治家，觉得自己读懂了毛泽东诗词。

两次和毛泽东见面都谈论过诗词的法国前总理富尔说——

"诗歌不仅仅是毛泽东生平中的一件逸事，我的确相信它是了解毛泽东的性格的关键之一。毛泽东和许多马克思主义者不一样，他不是一本书读到老的人。他在这些简短诗歌里表达的思想，不受教条辞藻的束缚。他用简单的形式，表达深刻而生动的革命题材，是国内所有人都能够理解的，也是世世代代都能够理解的。……这位革命者带着人道主义的气息。单是这点，就足以说明中国共产主义的某些创新。"

1976 年，诗人走了。真的谢幕了。

诗人走时，把一个时代带走了。

他曾经被这个时代喻为心脏和发动机、旗帜和灯塔。

历史是一位挑剔的批判家，犹如淘沙洗石的江河大浪。

它无情地挑拣着属于永恒的东西，冲刷着伟人们留在政治和文化沙滩上或浅或深的脚印。

毛泽东经受住了淘洗，从而使他的身影和脚印，在新世纪曙光的映照下，依然是那样地清晰。

因为，中国曾经由于有了他而改变了自己的形象和命运。今天，他又成为中国一面映照历史岁月的镜子，一座连接过去和现在的渡桥，一种给人们带来多种启示的人格象征。

20 世纪 30 年代，一位第一次见到毛泽东并听他讲述自己生平的西方记者就曾断言："毛泽东生平的历史是整整一代人的一个丰富的横断面。"

毛泽东走了，在历史的横断面上，他留下读不尽的诗篇。

这样的诗人或许再也不可能出现了。

恩格斯在谈到欧洲文艺复兴时代的时候，深情地赞美道："那是一个需要巨人而且产生了巨人——在思维能力、激情和性格方面，在多才多艺和学识渊博方面的巨人的时代。"

巨人与时代，时代与巨人，总是相互需要，交相辉映。

对巨人来说，他们借以兴起的环境，并非他们所独有。

和他们共同享有这一环境的人，岂止成千上万。

但在一大片池塘之中，只有一株或那么几株青莲出污泥而挺立独秀。

它们所凭借的，除了共有的环境，更有主体上那些恰到好处的要素组合。

毛泽东，在他的时代环境中，便是一个出色地兼具了常人看来难以相容的多重角色的人——

他是学生运动的精英，是工人罢工的领袖，是农民运动的旗手，是富有魅力的宣传家。

他是运筹帷幄的军事家，是吐故纳新的哲学家，是深谋远虑的战略家，是经济天下的政治家，是别具一格的书法大家，是豪放不羁的浪漫诗人，还是博览多识的学者。

就像屈原、李白、苏轼这样的诗人一样，毛泽东这样的诗人，是可遇而不可求的。

可遇而不可求的诗人写的诗，似乎再也没有人写得出来了。

毛泽东的歌唱，成为绝唱。

有的诗人活着，诗却死了。

有的诗人死了，诗却活着。

岁月推移，没有磨灭不朽的诗篇。

时光流逝，没有沉埋诗人的形象。

诗篇注入了心血，自然会生命绵长。

形象经历了沧桑，更显得新鲜明亮。

如果读懂了毛泽东，似乎便读懂了中国的过去，并加深着对中国现在和未来的理解。

如果读懂了毛泽东的诗，似乎便读懂了这片古老土地上堆积的沧海桑田和在 20 世纪中国大舞台上演的悲欢离合。

因为，历史不会随风而去，滚滚向前的时代也不会凭空而来。

后　记

去年底，中央文献研究室同江苏省酝酿摄制一部反映诗人毛泽东的电视艺术片，并委托我撰写拍摄脚本。

一开始，写作的想法就很明确：不能把这部片子搞成毛泽东诗词解读，应主要以毛泽东诗词作为切入点，去读解毛泽东"这一个"人，就像本书第一章的标题所示，去领略、欣赏和体会毛泽东一生经历中若隐若现的"心路风景"。

拍摄脚本初稿写出来了，片名定为《独领风骚——诗人毛泽东》。送请中央文献研究室诸多领导同志审阅时，他们提出不少宝贵意见，有的同志甚至逐字逐句地进行了修改。

在拍摄脚本定稿过程中，我萌生了一个想法：何不就此扩充成一本书呢？一些议论和实例，在写脚本时总觉得有些言犹未尽，因为电视拍摄脚本要求简略，且后期编辑还会作不小的删减改动。于是，在脚本的

基础上，又参阅一些学者作家的著述，增改了大量的篇幅，主要是有关毛泽东人生和性格、才情和作为的内容，各章的题目也相应作了变动。在语言上，则仍然保持电视解说词的文学性风格，只是不再拘于镜头的要求，显得更自由一些。

这样一来，倒有些像读解毛泽东的一本随笔了。为此，把副题改为——"毛泽东心路解读"。

这就是本书的成因。

作　者

2003 年 11 月于北京

新版后记

　　本书于 2003 年出版后，受到读者关注。大概是因为从诗词切入，贯穿人生实践，用散文语言解读毛泽东的心路历程，人们感觉比较新颖。一些读者来信，谈他们的阅读感受，有的还帮助校订书中的文字。这对我是很大的鼓励，在此表示感谢。

　　此次重新出版，没有增删内容，只是对书名和一些文字与史实做了校对修订。人民出版社的编辑很敬业，认为用《毛泽东的诗路和心路》做书名，更贴切和直接一些。他们对书稿核校得也非常细致。一本书能够"走"多远，固然与内容有关，但出版社和编辑的见识、辛劳，也是不可或缺的翅膀。

作　者

2019 年 4 月 10 日